治安管理处罚法实用手册

—案例图解版—

法规编研室 编

中国法治出版社
CHINA LEGAL PUBLISHING HOUSE

出版说明

为满足社会各界便捷、高效地学习、理解和运用法律法规的需求，我们精心策划出版了这套“法律法规实用手册”丛书。旨在通过创新内容架构与可视化呈现方式，将专业的法律知识转化为清晰易懂的内容，助力读者精准把握法律要义。

本丛书核心特色如下：

1. 法条分类速查，体系清晰

突破传统法规汇编的简单罗列模式，以知识点为纲，将关联紧密的法律条文科学归类整合。读者可按主题快速锁定所需全部相关法条，显著提升检索效率，也利于系统把握同类法条间的内在联系与适用逻辑。

2. 法条图解剖析，脉络可视

运用思维导图可视化工具，对法律条文逐一进行结构化拆解与逻辑梳理。将抽象条文转化为清晰的知识脉络图，使法律结构、要素及关系一目了然，显著降低理解门槛，同时深化对法律内涵的把握。

3. 案例指引点睛，以案释法

精选实务中具有代表性的真实案例适当改编，精准配置于相关法条之下。通过简洁明了的“小案例”，生动阐释法条内涵、适用条件及法律效果，直观展现法律法规在现实场景中的运行逻辑与效力。

期待本书能为您的法律学习与实践提供切实有效的帮助！

目　录

CONTENTS

第一章　总　　则

第二章　处罚的种类和适用

第三章 违反治安管理的行为和处罚

第四章 处罚程序

第五章　执 法 监 督

第六章　附　　则

第一章　总　　则

一、立法目的与依据（第 1 条）

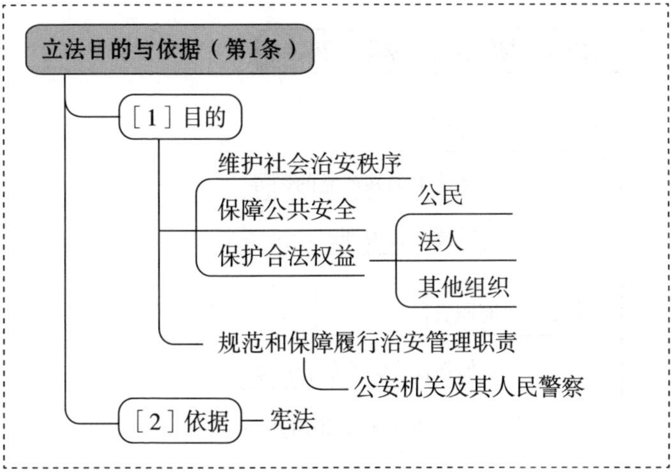
立法目的与依据（第1条）
［1］目的
维护社会治安秩序
保障公共安全
保护合法权益
公民
法人
其他组织
规范和保障履行治安管理职责
公安机关及其人民警察
［2］依据
宪法

第一条　为了维护社会治安秩序，保障公共安全，保护公民、法人和其他组织的合法权益，规范和保障公安机关及其人民警察依法履行治安管理职责，根据宪法，制定本法。

〔**案例**〕夜市摊主违规占道经营造成交通拥堵，公安机关依据《治安管理处罚法》予以警告并责令立即整改，有效维护公共秩序，保障周边居民合法权益。

二、基本原则与方针（第2、6、9条）

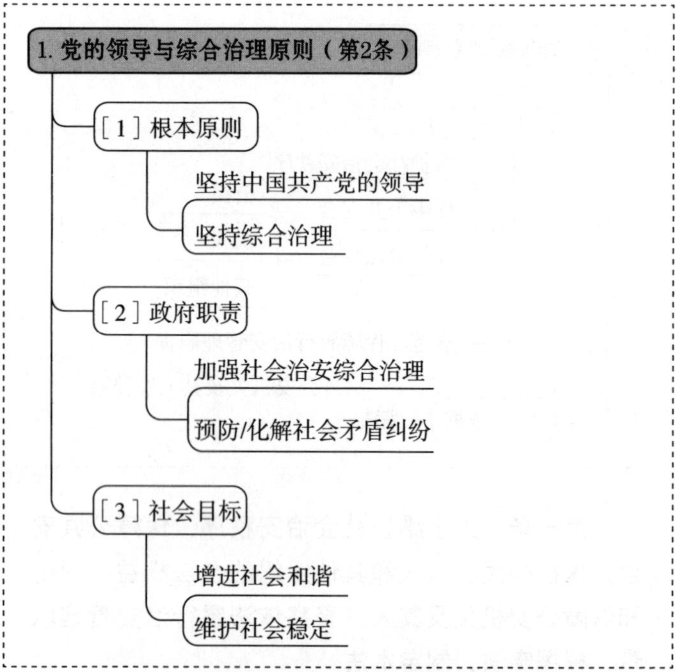
1. 党的领导与综合治理原则（第2条）
［1］根本原则
坚持中国共产党的领导
坚持综合治理
［2］政府职责
加强社会治安综合治理
预防/化解社会矛盾纠纷
［3］社会目标
增进社会和谐
维护社会稳定

第二条 治安管理工作坚持中国共产党的领导，坚持综合治理。

各级人民政府应当加强社会治安综合治理，采取有效措施，预防和化解社会矛盾纠纷，增进社会和谐，维护社会稳定。

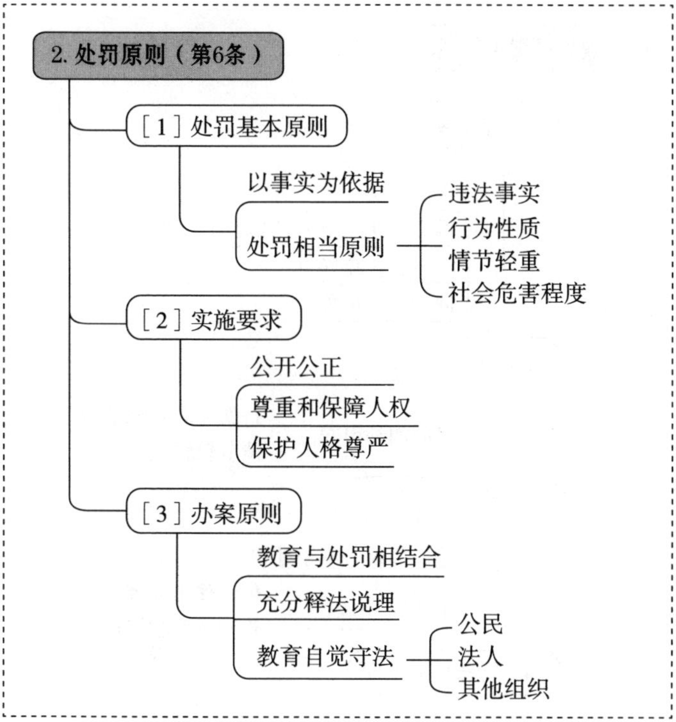
2. 处罚原则（第6条）
［1］处罚基本原则
以事实为依据
处罚相当原则
违法事实
行为性质
情节轻重
社会危害程度
［2］实施要求
公开公正
尊重和保障人权
保护人格尊严
［3］办案原则
教育与处罚相结合
充分释法说理
教育自觉守法
公民
法人
其他组织

第六条　治安管理处罚必须以事实为依据，与违反治安管理的事实、性质、情节以及社会危害程度相当。

实施治安管理处罚，应当公开、公正，尊重和保障人权，保护公民的人格尊严。

办理治安案件应当坚持教育与处罚相结合的原则，充分释法说理，教育公民、法人或者其他组织自觉守法。

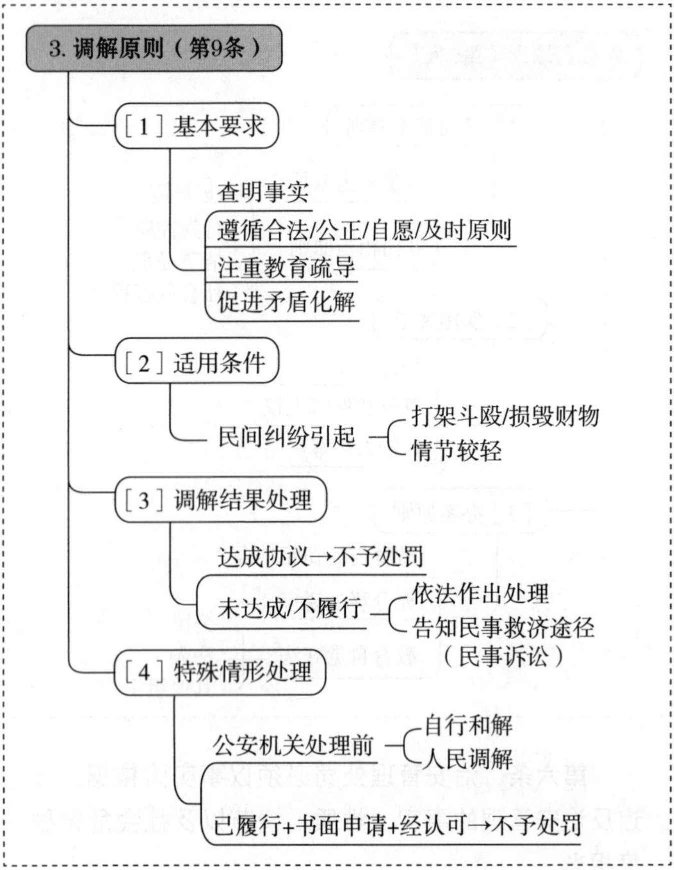
3. 调解原则（第9条）
[1] 基本要求
查明事实
遵循合法/公正/自愿/及时原则
注重教育疏导
促进矛盾化解
[2] 适用条件
民间纠纷引起
打架斗殴/损毁财物
情节较轻
[3] 调解结果处理
达成协议→不予处罚
未达成/不履行
依法作出处理
告知民事救济途径（民事诉讼）
[4] 特殊情形处理
公安机关处理前
自行和解
人民调解
已履行+书面申请+经认可→不予处罚

第九条 对于因民间纠纷引起的打架斗殴或者损毁他人财物等违反治安管理行为，情节较轻的，公安机关可以调解处理。

调解处理治安案件，应当查明事实，并遵循合法、公正、自愿、及时的原则，注重教育和疏导，促进化解矛盾纠纷。

经公安机关调解，当事人达成协议的，不予处罚。经调解未达成协议或者达成协议后不履行的，公安机关应当依照本法的规定对违反治安管理行为作出处理，并告知当事人可以就民事争议依法向人民法院提起民事诉讼。

对属于第一款规定的调解范围的治安案件，公安机关作出处理决定前，当事人自行和解或者经人民调解委员会调解达成协议并履行，书面申请经公安机关认可的，不予处罚。

〔**案例** 1〕王某与邻居李某因楼道堆放杂物问题发生争执，致李某摔倒轻微擦伤。在民警主持调解下，王某主动赔礼道歉，并当场清理了杂物；李某也表示谅解。公安机关依法对王某不予治安处罚。

〔**案例** 2〕左某与赵某因市场摊位纠纷互殴，均受轻微伤。民警主持调解，赵某以伤情较重为由主张更多医药费，调解未果，公安机关对双方各处 200 元罚款，并告知可就摊位和赔偿问题提起民事诉讼。

〔**案例** 3〕因田地边界纠纷，村民蒋某损毁于某越界种植的一垄禾苗。经村委会调解，双方达成赔偿协议并履行，公安机关认为该纠纷由民间争议引发，情节较轻，认可双方协议，决定不予处罚。

三、治安违法行为范围与管辖权（第3、5条）

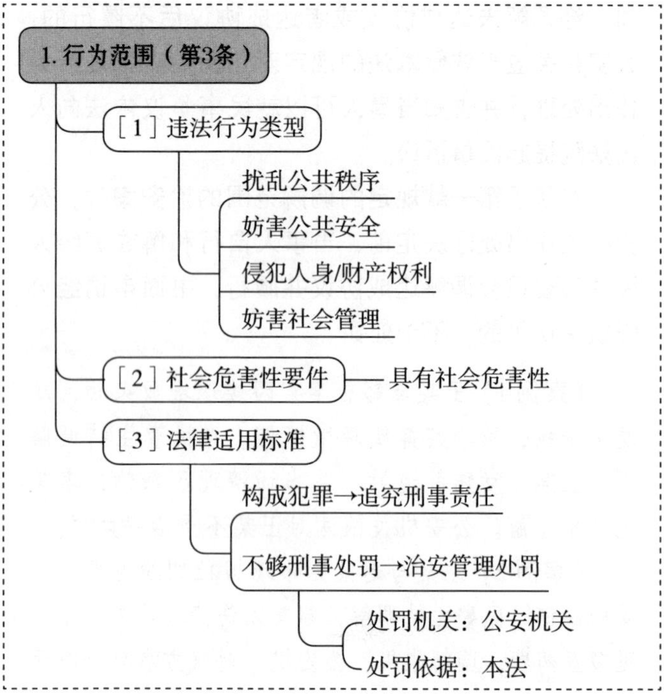
1. 行为范围（第3条）
[1] 违法行为类型
扰乱公共秩序
妨害公共安全
侵犯人身/财产权利
妨害社会管理
[2] 社会危害性要件
具有社会危害性
[3] 法律适用标准
构成犯罪→追究刑事责任
不够刑事处罚→治安管理处罚
处罚机关：公安机关
处罚依据：本法

第三条 扰乱公共秩序，妨害公共安全，侵犯人身权利、财产权利，妨害社会管理，具有社会危害性，依照《中华人民共和国刑法》的规定构成犯罪的，依法追究刑事责任；尚不够刑事处罚的，由公安机关依照本法给予治安管理处罚。

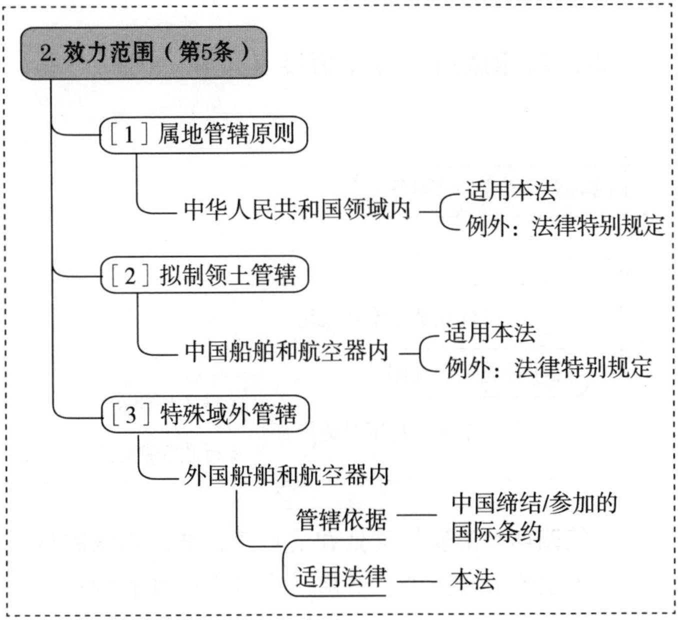
2. 效力范围（第5条）
［1］属地管辖原则
中华人民共和国领域内
适用本法
例外：法律特别规定
［2］拟制领土管辖
中国船舶和航空器内
适用本法
例外：法律特别规定
［3］特殊域外管辖
外国船舶和航空器内
管辖依据
中国缔结/参加的国际条约
适用法律
本法

第五条　在中华人民共和国领域内发生的违反治安管理行为，除法律有特别规定的外，适用本法。

在中华人民共和国船舶和航空器内发生的违反治安管理行为，除法律有特别规定的外，适用本法。

在外国船舶和航空器内发生的违反治安管理行为，依照中华人民共和国缔结或者参加的国际条约，中华人民共和国行使管辖权的，适用本法。

四、法律适用与程序衔接（第4、8条）

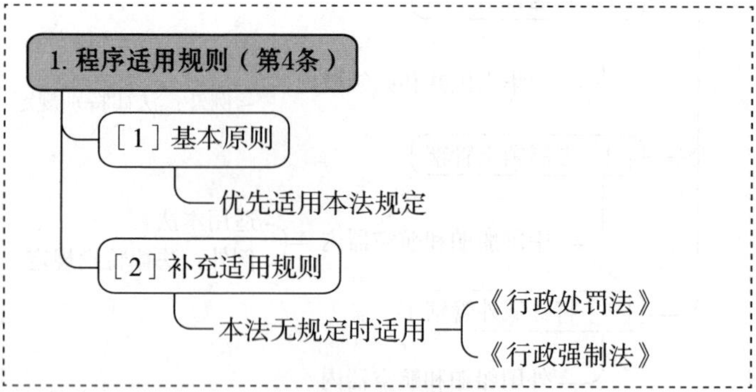
1. 程序适用规则（第4条）
［1］基本原则
优先适用本法规定
［2］补充适用规则
本法无规定时适用
《行政处罚法》
《行政强制法》

第四条 治安管理处罚的程序，适用本法的规定；本法没有规定的，适用《中华人民共和国行政处罚法》、《中华人民共和国行政强制法》的有关规定。

［案例］某游戏厅未依规落实娱乐场所治安管理信息录入要求，被公安机关拟处8000元罚款。处罚前，公安机关依法告知其听证权利，游戏厅经营者张某遂申请听证。由于《治安管理处罚法》对听证程序未作明确规定，公安机关依据《行政处罚法》等有关规定组织了听证，充分听取张某的陈述和申辩后，依据听证笔录对游戏厅作出罚款5000元的处罚决定。

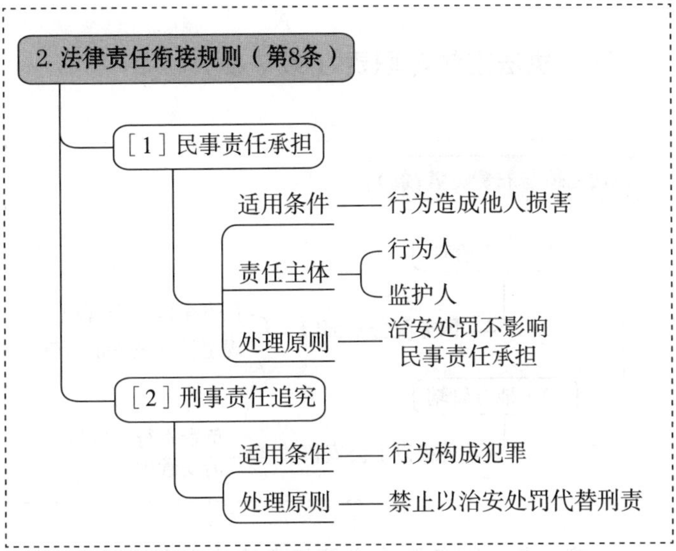
2. 法律责任衔接规则（第8条）
［1］民事责任承担
适用条件——行为造成他人损害
责任主体
行为人
监护人
处理原则——治安处罚不影响民事责任承担
［2］刑事责任追究
适用条件——行为构成犯罪
处理原则——禁止以治安处罚代替刑责

第八条　违反治安管理行为对他人造成损害的，除依照本法给予治安管理处罚外，行为人或者其监护人还应当依法承担民事责任。

违反治安管理行为构成犯罪，应当依法追究刑事责任的，不得以治安管理处罚代替刑事处罚。

〔**案例**〕王某因工程纠纷，故意持铁锤砸毁施工方的测量设备，经公安机关调查后认定造成设备损失6000元。因涉案金额已达到故意毁坏财物罪立案标准（5000元以上），公安机关将案件移送检察机关追究刑事责任。

五、执法主体与职责（第 7 条）

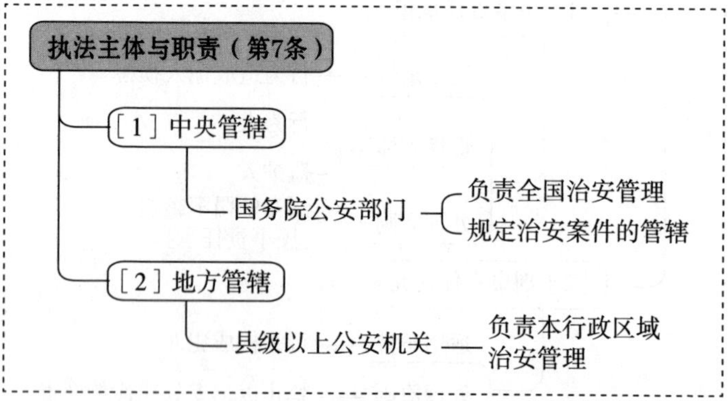
执法主体与职责（第7条）
［1］中央管辖
国务院公安部门
负责全国治安管理
规定治安案件的管辖
［2］地方管辖
县级以上公安机关
负责本行政区域
治安管理

第七条 国务院公安部门负责全国的治安管理工作。县级以上地方各级人民政府公安机关负责本行政区域内的治安管理工作。

治安案件的管辖由国务院公安部门规定。

〔**案例**〕A 市游客王某在 B 县旅游，与当地商贩发生争执并殴打对方，B 县公安局接警后立即处置。B 县公安局作为案发地公安机关依法行使管辖权，对王某作出治安处罚，体现了地方公安机关的属地管理职责。

第二章　处罚的种类和适用

一、治安管理处罚种类（第 10 条）

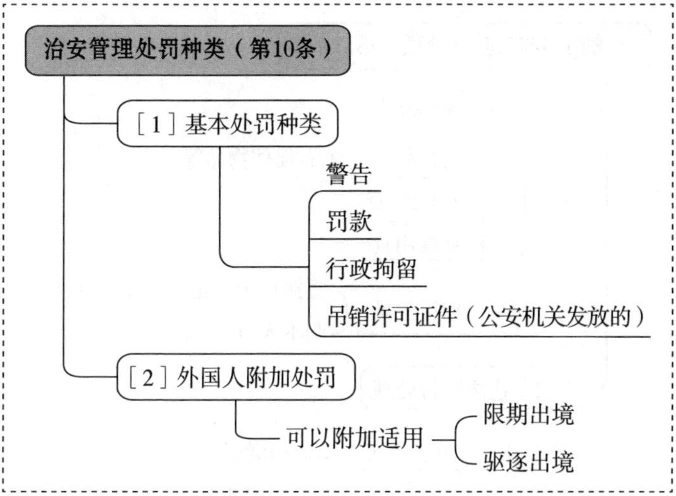
治安管理处罚种类（第10条）
［1］基本处罚种类
警告
罚款
行政拘留
吊销许可证件（公安机关发放的）
［2］外国人附加处罚
可以附加适用
限期出境
驱逐出境

第十条　治安管理处罚的种类分为：

（一）警告；

（二）罚款；

（三）行政拘留；

（四）吊销公安机关发放的许可证件。

对违反治安管理的外国人，可以附加适用限期出境或者驱逐出境。

二、涉案财物处理规则（第 11 条）

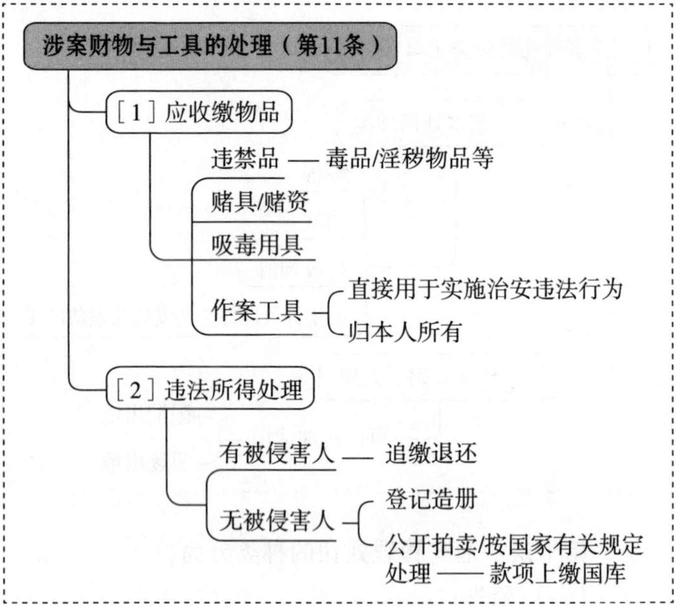
涉案财物与工具的处理（第11条）
［1］应收缴物品
违禁品 —— 毒品/淫秽物品等
赌具/赌资
吸毒用具
作案工具
直接用于实施治安违法行为
归本人所有
［2］违法所得处理
有被侵害人 —— 追缴退还
无被侵害人
登记造册
公开拍卖/按国家有关规定处理 —— 款项上缴国库

第十一条 办理治安案件所查获的毒品、淫秽物品等违禁品，赌具、赌资，吸食、注射毒品的用具以及直接用于实施违反治安管理行为的本人所有的工具，应当收缴，按照规定处理。

违反治安管理所得的财物，追缴退还被侵害人；没有被侵害人的，登记造册，公开拍卖或者按照国家有关规定处理，所得款项上缴国库。

三、责任主体的特殊规定（第 12~15、18 条）

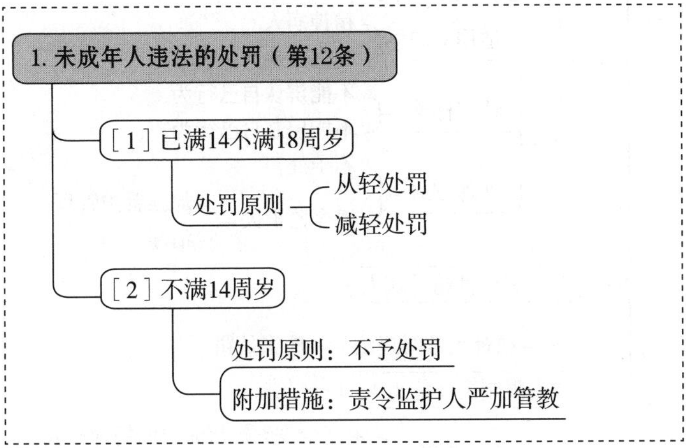
1. 未成年人违法的处罚（第12条）
［1］已满14不满18周岁
处罚原则
从轻处罚
减轻处罚
［2］不满14周岁
处罚原则：不予处罚
附加措施：责令监护人严加管教

第十二条　已满十四周岁不满十八周岁的人违反治安管理的，从轻或者减轻处罚；不满十四周岁的人违反治安管理的，不予处罚，但是应当责令其监护人严加管教。

〔**案例**〕15 岁学生张某因口角殴打同学王某，致王某左脸软组织挫伤（经鉴定为轻微伤）。公安机关经调查后，认定张某违反了《治安管理处罚法》第 51 条，但情节较轻，且事后主动赔礼道歉，鉴于其未成年，对其适用减轻处罚后决定不予处罚，并责令家长严加管教。

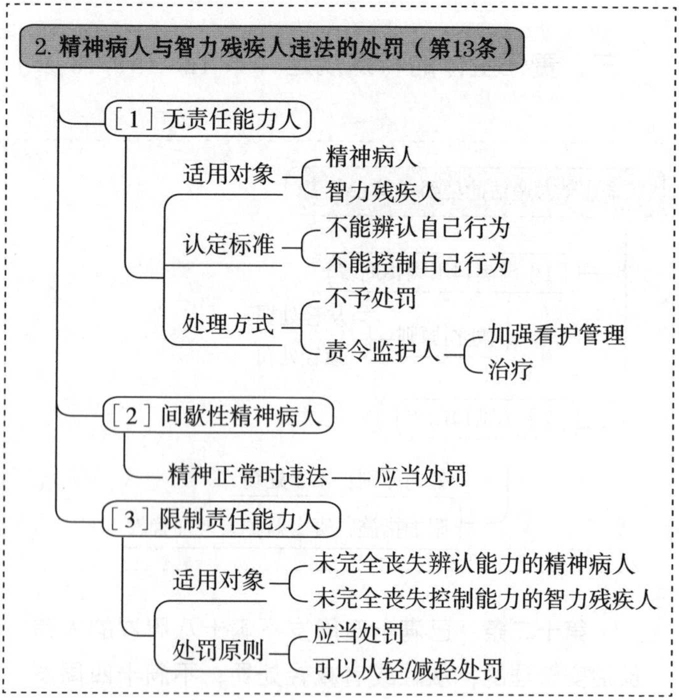
2. 精神病人与智力残疾人违法的处罚（第13条）
［1］无责任能力人
适用对象
精神病人
智力残疾人
认定标准
不能辨认自己行为
不能控制自己行为
处理方式
不予处罚
责令监护人
加强看护管理
治疗
［2］间歇性精神病人
精神正常时违法
应当处罚
［3］限制责任能力人
适用对象
未完全丧失辨认能力的精神病人
未完全丧失控制能力的智力残疾人
处罚原则
应当处罚
可以从轻/减轻处罚

第十三条 精神病人、智力残疾人在不能辨认或者不能控制自己行为的时候违反治安管理的，不予处罚，但是应当责令其监护人加强看护管理和治疗。间歇性的精神病人在精神正常的时候违反治安管理的，应当给予处罚。尚未完全丧失辨认或者控制自己行为能力的精神病人、智力残疾人违反治安管理的，应当给予处罚，但是可以从轻或者减轻处罚。

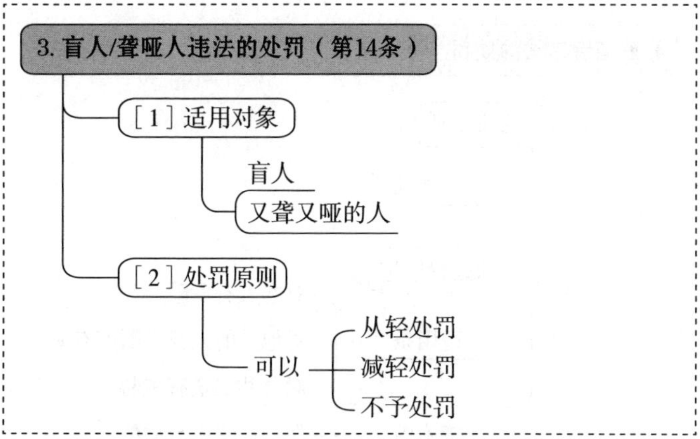
3. 盲人/聋哑人违法的处罚（第14条）
［1］适用对象
盲人
又聋又哑的人
［2］处罚原则
可以
从轻处罚
减轻处罚
不予处罚

第十四条　**盲人或者又聋又哑的人违反治安管理的，可以从轻、减轻或者不予处罚。**

〔**案例** 1〕盲人张某为行走方便，选择沿铁路线前行，导致列车紧急制动停车，引发 5 分钟延误及后续多趟列车运行秩序紊乱。公安机关认为张某行为已构成扰乱列车行车安全，应予警告或罚款处罚，但鉴于其有生理障碍，最终对其进行安全教育后，决定不予处罚。

〔**案例** 2〕王某因工作矛盾教唆丈夫高某（聋哑人）报复同事张某，并于次日在店外将张某指认给高某。当晚，高某尾随下班的张某并实施殴打，致其多处软组织挫伤，经鉴定构成轻微伤。公安机关认定王某教唆违法，对其处 10 日拘留、并处 500 元罚款，对高某依据本条规定，从轻处 5 日拘留。

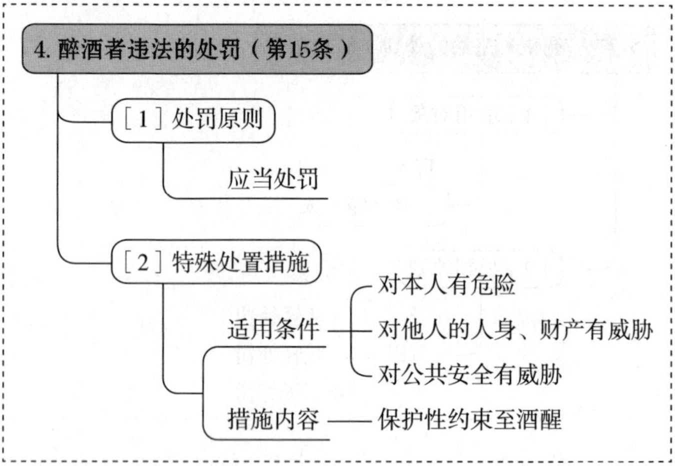
4. 醉酒者违法的处罚（第15条）
［1］处罚原则
应当处罚
［2］特殊处置措施
适用条件
对本人有危险
对他人的人身、财产有威胁
对公共安全有威胁
措施内容
保护性约束至酒醒

第十五条 醉酒的人违反治安管理的，应当给予处罚。

醉酒的人在醉酒状态中，对本人有危险或者对他人的人身、财产或者公共安全有威胁的，应当对其采取保护性措施约束至酒醒。

〔案例〕 醉酒男子程某在餐厅闹事并打砸物品，民警到场后发现其处于严重醉酒状态，有继续危害公共安全的可能，遂依据本条规定，先将其约束至酒醒，待其清醒后依法予以治安处罚。

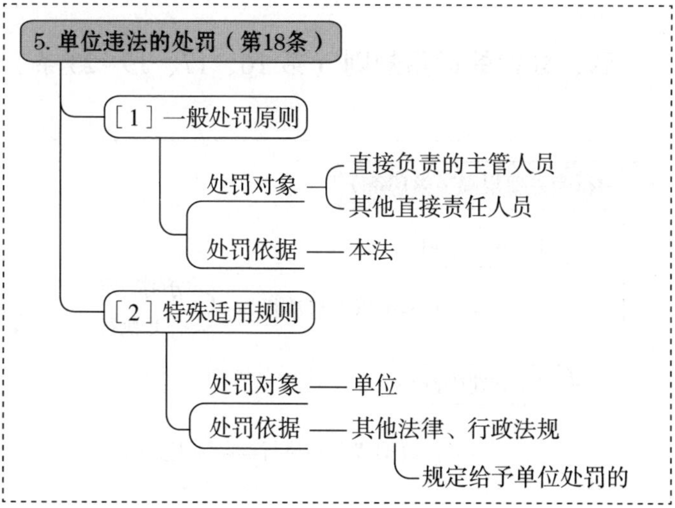
5. 单位违法的处罚（第18条）
［1］一般处罚原则
处罚对象
直接负责的主管人员
其他直接责任人员
处罚依据
本法
［2］特殊适用规则
处罚对象
单位
处罚依据
其他法律、行政法规
规定给予单位处罚的

第十八条　单位违反治安管理的，对其直接负责的主管人员和其他直接责任人员依照本法的规定处罚。其他法律、行政法规对同一行为规定给予单位处罚的，依照其规定处罚。

〔**案例**〕某 KTV 经理陈某为牟利，在包厢内设置 2 台赌博游戏机供顾客娱乐使用，共获利 4000 元。公安机关依据《治安管理处罚法》第 82 条对陈某处 10 日拘留，并处 3000 元罚款；同时根据《娱乐场所管理条例》第 45 条娱乐场所设置具有赌博功能的电子游戏机应予处罚的规定，对该 KTV 作出没收全部违法所得、并处 3 万元罚款的处罚决定。

四、处罚的适用规则（第 16、17、19~23 条）

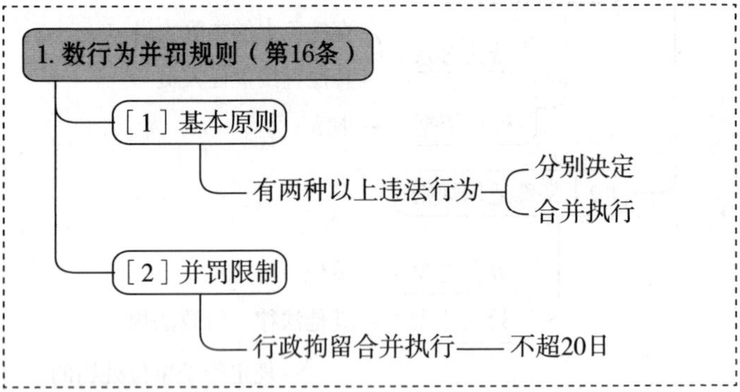
1. 数行为并罚规则（第16条）
［1］基本原则
有两种以上违法行为
分别决定
合并执行
［2］并罚限制
行政拘留合并执行—— 不超20日

第十六条　有两种以上违反治安管理行为的，分别决定，合并执行处罚。行政拘留处罚合并执行的，最长不超过二十日。

〔**案例**〕赵某殴打他人致轻微伤，公安机关调查期间发现其此前还有盗窃行为未处理，分别决定对殴打他人行为处行政拘留 10 日，对盗窃行为处行政拘留 12 日，合并执行行政拘留 20 日。

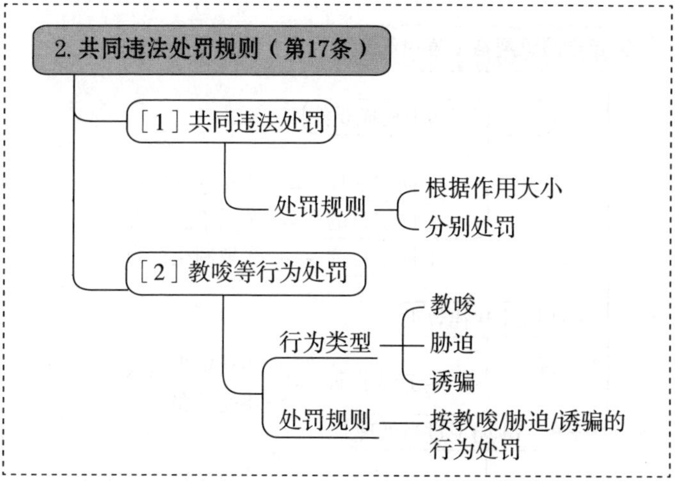
2. 共同违法处罚规则（第17条）
［1］共同违法处罚
处罚规则
根据作用大小
分别处罚
［2］教唆等行为处罚
行为类型
教唆
胁迫
诱骗
处罚规则
按教唆/胁迫/诱骗的
行为处罚

第十七条　共同违反治安管理的，根据行为人在违反治安管理行为中所起的作用，分别处罚。

教唆、胁迫、诱骗他人违反治安管理的，按照其教唆、胁迫、诱骗的行为处罚。

〔**案例**〕张某教唆15周岁的李某在超市盗窃。公安机关查明事实后，依据《治安管理处罚法》第17条、第22条和第58条，对教唆者张某按盗窃行为从重处罚，处15日拘留，并处2000元罚款；对受教唆的未成年人李某从轻处罚，处300元罚款，并责令其监护人严加管教。

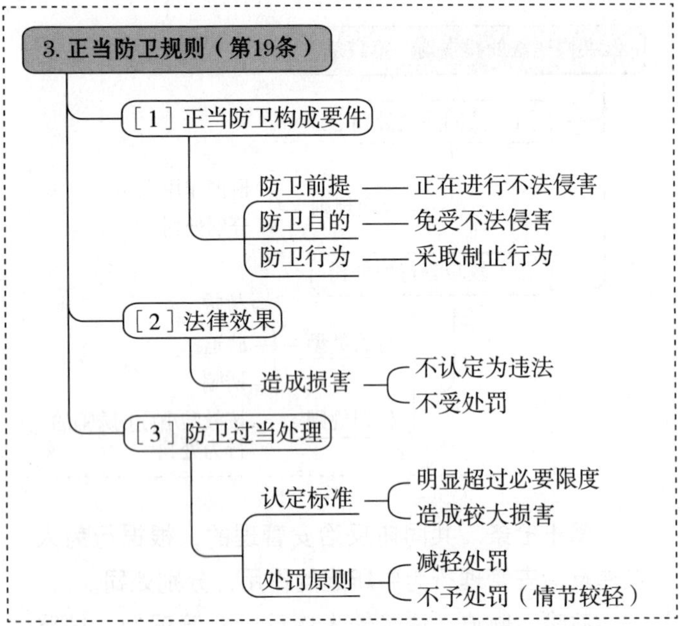
3. 正当防卫规则（第19条）
［1］正当防卫构成要件
防卫前提 —— 正在进行不法侵害
防卫目的 —— 免受不法侵害
防卫行为 —— 采取制止行为
［2］法律效果
造成损害
不认定为违法
不受处罚
［3］防卫过当处理
认定标准
明显超过必要限度
造成较大损害
处罚原则
减轻处罚
不予处罚（情节较轻）

第十九条　为了免受正在进行的不法侵害而采取的制止行为，造成损害的，不属于违反治安管理行为，不受处罚；制止行为明显超过必要限度，造成较大损害的，依法给予处罚，但是应当减轻处罚；情节较轻的，不予处罚。

〔**案例**〕王某被赵某持棍追打，夺棍后反追赵某百米并将其打伤。公安机关认定王某在制止侵害后继续追打赵某，明显属于防卫过当，本应处5日拘留并处罚款，根据本条规定减轻处罚，最终处500元罚款。

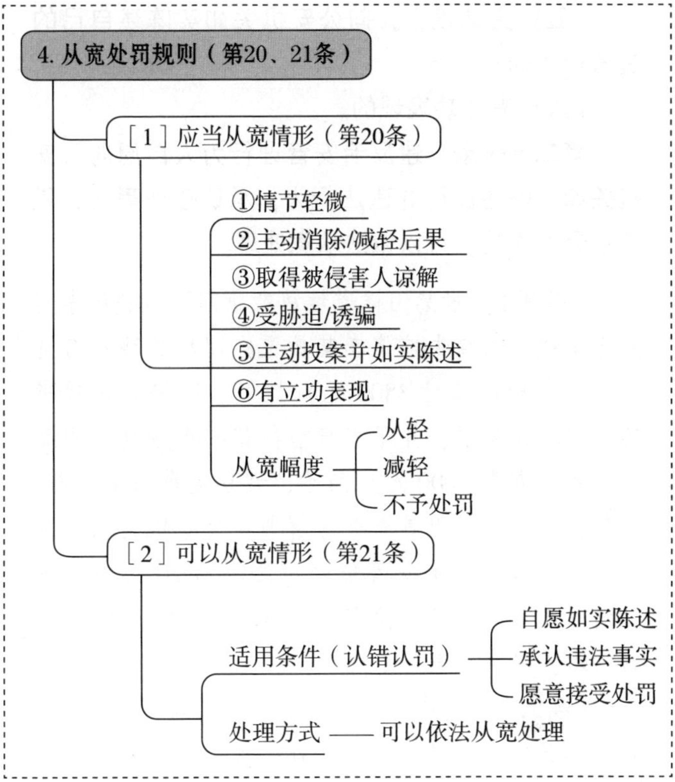
4. 从宽处罚规则（第20、21条）
[1] 应当从宽情形（第20条）
①情节轻微
②主动消除/减轻后果
③取得被侵害人谅解
④受胁迫/诱骗
⑤主动投案并如实陈述
⑥有立功表现
从宽幅度
从轻
减轻
不予处罚
[2] 可以从宽情形（第21条）
适用条件（认错认罚）
自愿如实陈述
承认违法事实
愿意接受处罚
处理方式
可以依法从宽处理

第二十条　违反治安管理有下列情形之一的，从轻、减轻或者不予处罚：

（一）情节轻微的；

（二）主动消除或者减轻违法后果的；

（三）取得被侵害人谅解的；

（四）出于他人胁迫或者诱骗的；

（五）主动投案，向公安机关如实陈述自己的违法行为的；

（六）有立功表现的。

第二十一条 违反治安管理行为人自愿向公安机关如实陈述自己的违法行为，承认违法事实，愿意接受处罚的，可以依法从宽处理。

〔**案例** 1〕张某因楼道堆放杂物问题与邻居李某发生争执，情绪失控将李某放置在门口的两盆名贵君子兰（价值总计 3800 元）摔毁。民警到场后张某立即承认错误，并于当日前往花卉市场购买同品种花卉（花费 4000 元）赔偿，诚恳道歉请求谅解。李某接受赔偿并出具书面谅解书。公安机关认定张某的行为符合《治安管理处罚法》第 20 条中“主动消除或者减轻违法后果”“取得被侵害人谅解”的情形，决定对其不予处罚。

〔**案例** 2〕小陈因不满同事升迁，谎称其贪污公款致公安机关启动调查。次日小陈悔悟，主动到派出所坦白诬告他人的事实，未造成严重后果，且认错态度良好，愿意接受处罚。公安机关认为，依据《治安管理处罚法》第 50 条，本应对小陈处 5 日拘留，根据本法第 21 条规定，最终作出 800 元罚款的处罚决定。

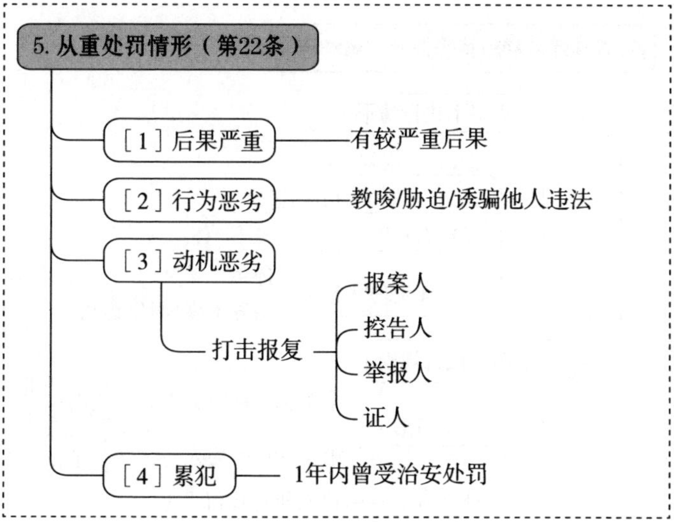
5. 从重处罚情形（第22条）
［1］后果严重
有较严重后果
［2］行为恶劣
教唆/胁迫/诱骗他人违法
［3］动机恶劣
打击报复
报案人
控告人
举报人
证人
［4］累犯
1年内曾受治安处罚

第二十二条　违反治安管理有下列情形之一的，从重处罚：

（一）有较严重后果的；

（二）教唆、胁迫、诱骗他人违反治安管理的；

（三）对报案人、控告人、举报人、证人打击报复的；

（四）一年以内曾受过治安管理处罚的。

〔**案例**〕孙某因在居民楼内违规经营“课后托管班”被举报，在获知举报人身份后，孙某多次发送恐吓信息威胁报复。公安机关依据本条规定对其从重处10日拘留，并处罚款1000元。

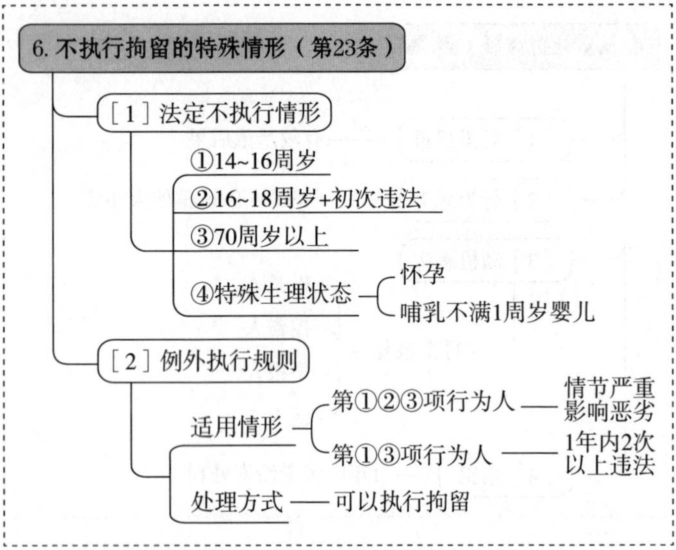
6. 不执行拘留的特殊情形（第23条）
［1］法定不执行情形
①14~16周岁
②16~18周岁+初次违法
③70周岁以上
④特殊生理状态
怀孕
哺乳不满1周岁婴儿
［2］例外执行规则
适用情形
第①②③项行为人
情节严重
影响恶劣
第①③项行为人
1年内2次
以上违法
处理方式
可以执行拘留

第二十三条　违反治安管理行为人有下列情形之一，依照本法应当给予行政拘留处罚的，不执行行政拘留处罚：

（一）已满十四周岁不满十六周岁的；

（二）已满十六周岁不满十八周岁，初次违反治安管理的；

（三）七十周岁以上的；

（四）怀孕或者哺乳自己不满一周岁婴儿的。

前款第一项、第二项、第三项规定的行为人违反治安管理情节严重、影响恶劣的，或者第一项、第三项规定的行为人在一年以内二次以上违反治安管理的，不受前款规定的限制。

五、处罚时效（第25条）

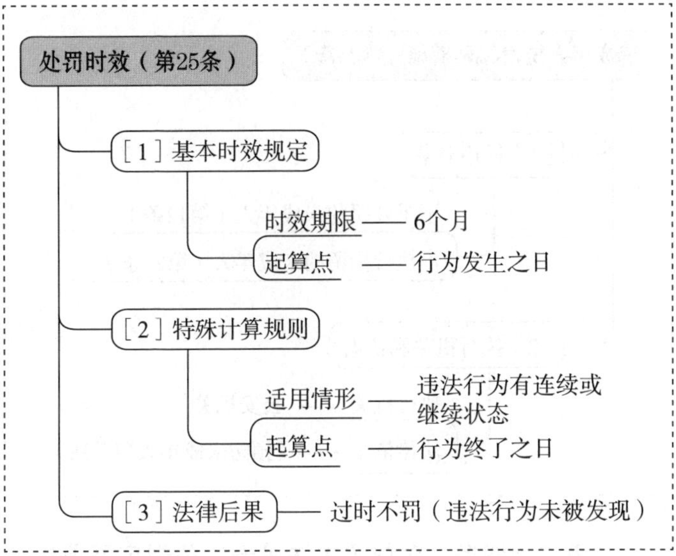
处罚时效（第25条）
［1］基本时效规定
时效期限——6个月
起算点——行为发生之日
［2］特殊计算规则
适用情形——违法行为有连续或继续状态
起算点——行为终了之日
［3］法律后果——过时不罚（违法行为未被发现）

第二十五条　违反治安管理行为在六个月以内没有被公安机关发现的，不再处罚。

前款规定的期限，从违反治安管理行为发生之日起计算；违反治安管理行为有连续或者继续状态的，从行为终了之日起计算。

〔案例〕 周某于2024年1月5日在超市盗窃少量物品，在2024年7月20日被发现。因已超过6个月时效，警方不予处罚。

六、未成年人矫治教育措施（第 24 条）

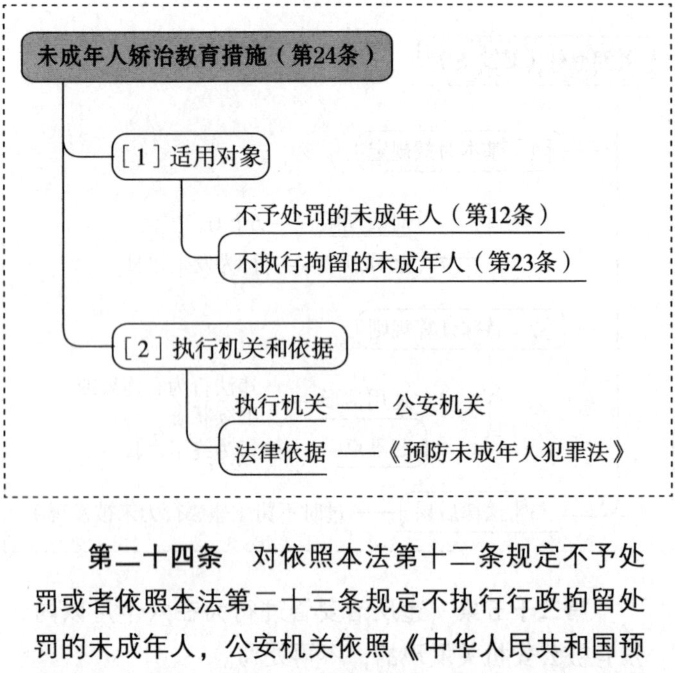
未成年人矫治教育措施（第24条）
［1］适用对象
不予处罚的未成年人（第12条）
不执行拘留的未成年人（第23条）
［2］执行机关和依据
执行机关 —— 公安机关
法律依据 ——《预防未成年人犯罪法》

第二十四条　对依照本法第十二条规定不予处罚或者依照本法第二十三条规定不执行行政拘留处罚的未成年人，公安机关依照《中华人民共和国预防未成年人犯罪法》的规定采取相应矫治教育等措施。

〔**案例**〕13 岁的王某多次欺凌同学，因年龄不足不予处罚。公安机关依据《预防未成年人犯罪法》的规定予以训诫，责令其接受心理辅导，定期报告活动情况，并要求家长和学校予以配合。

第三章　违反治安管理的行为和处罚

第一节　扰乱公共秩序的行为和处罚

一、扰乱单位、公共场所、公共交通工具和选举秩序（第 26 条）

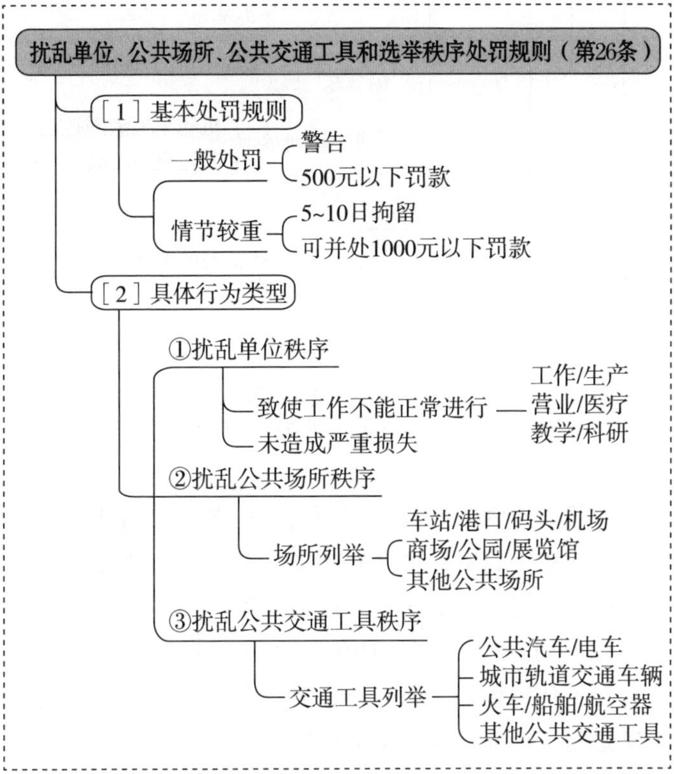
扰乱单位、公共场所、公共交通工具和选举秩序处罚规则（第26条）
[1] 基本处罚规则
一般处罚
警告
500元以下罚款
情节较重
5~10日拘留
可并处1000元以下罚款
[2] 具体行为类型
①扰乱单位秩序
致使工作不能正常进行
未造成严重损失
工作/生产
营业/医疗
教学/科研
②扰乱公共场所秩序
场所列举
车站/港口/码头/机场
商场/公园/展览馆
其他公共场所
③扰乱公共交通工具秩序
交通工具列举
公共汽车/电车
城市轨道交通车辆
火车/船舶/航空器
其他公共交通工具

（续上图）

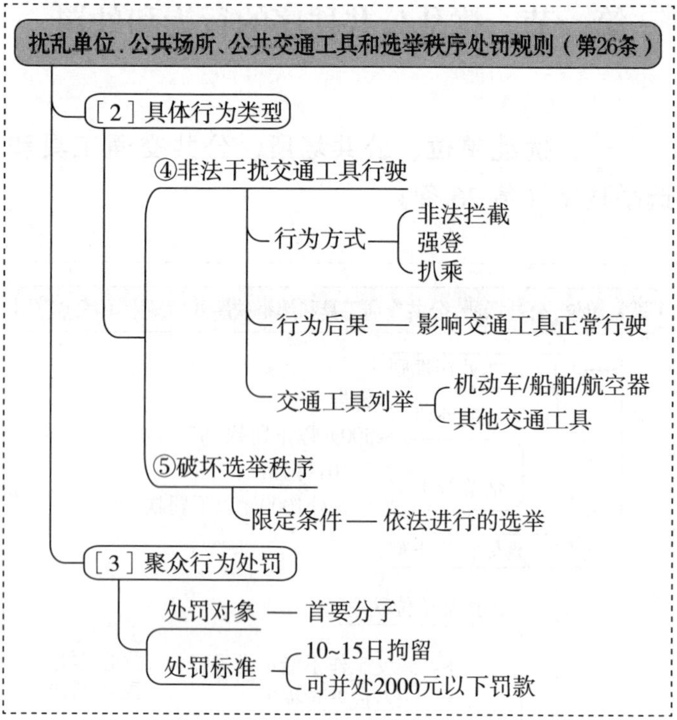
扰乱单位、公共场所、公共交通工具和选举秩序处罚规则（第26条）
[2] 具体行为类型
④非法干扰交通工具行驶
行为方式
非法拦截
强登
扒乘
行为后果 —— 影响交通工具正常行驶
交通工具列举
机动车/船舶/航空器
其他交通工具
⑤破坏选举秩序
限定条件 —— 依法进行的选举
[3] 聚众行为处罚
处罚对象 —— 首要分子
处罚标准
10~15日拘留
可并处2000元以下罚款

第二十六条 有下列行为之一的，处警告或者五百元以下罚款；情节较重的，处五日以上十日以下拘留，可以并处一千元以下罚款：

（一）扰乱机关、团体、企业、事业单位秩序，致使工作、生产、营业、医疗、教学、科研不能正常进行，尚未造成严重损失的；

（二）扰乱车站、港口、码头、机场、商场、公园、展览馆或者其他公共场所秩序的；

（三）扰乱公共汽车、电车、城市轨道交通车辆、火车、船舶、航空器或者其他公共交通工具上的秩序的；

（四）非法拦截或者强登、扒乘机动车、船舶、航空器以及其他交通工具，影响交通工具正常行驶的；

（五）破坏依法进行的选举秩序的。

聚众实施前款行为的，对首要分子处十日以上十五日以下拘留，可以并处二千元以下罚款。

〔**案例** 1〕王某因医疗纠纷在医院门诊大厅吵闹，推搡医护人员，导致门诊停诊 2 小时，公安机关依法对其处以 8 日拘留。(第 1 款第 1 项)

〔**案例** 2〕赵某为赶火车，在站台外强行扒乘启动中的公交车，司机急刹避让，致车内乘客摔倒受伤。公安机关认定其行为影响交通工具正常行驶且情节较重，对赵某处 7 日拘留，并处 800 元罚款。(第 1 款第 4 项)

〔**案例** 3〕村民赵某组织 10 余人扰乱村委会选举现场，撕毁选票。公安机关认定赵某为首要分子，依法对其处 12 日拘留，并处 2000 元罚款。(第 1 款第 5 项、第 2 款)

二、扰乱考试秩序（第 27 条）

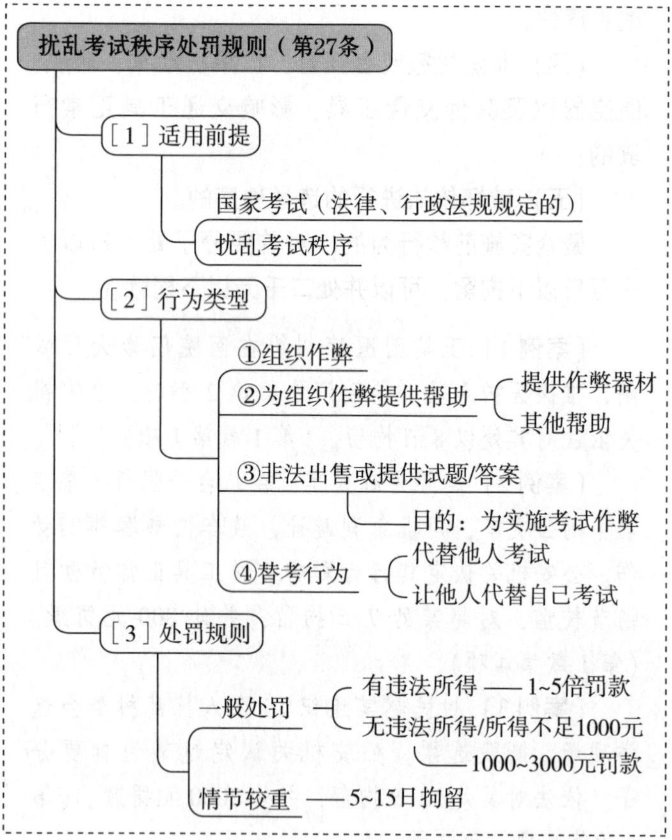
扰乱考试秩序处罚规则（第27条）
［1］适用前提
国家考试（法律、行政法规规定的）
扰乱考试秩序
［2］行为类型
①组织作弊
②为组织作弊提供帮助
提供作弊器材
其他帮助
③非法出售或提供试题/答案
目的：为实施考试作弊
④替考行为
代替他人考试
让他人代替自己考试
［3］处罚规则
一般处罚
有违法所得——1~5倍罚款
无违法所得/所得不足1000元
1000~3000元罚款
情节较重——5~15日拘留

第二十七条　在法律、行政法规规定的国家考试中，有下列行为之一，扰乱考试秩序的，处违法所得一倍以上五倍以下罚款，没有违法所得或者违法所得不足一千元的，处一千元以上三千元以下罚款；情节较重的，处五日以上十五日以下拘留：

（一）组织作弊的；

（二）为他人组织作弊提供作弊器材或者其他帮助的；

（三）为实施考试作弊行为，向他人非法出售、提供考试试题、答案的；

（四）代替他人或者让他人代替自己参加考试的。

〔**案例 1**〕在某职业资格考试前，培训机构员工李某向一名考生出售作弊用蓝牙耳机，非法获利 600 元。考试当天考生尚未使用即被监考发现。李某构成“为他人作弊提供器材”，因涉案工具未实际启用，没有造成实际危害，且李某未对考生作弊提供其他帮助，属于偶犯，情节显著轻微，公安机关对其行政拘留 5 日。(第 2 项)

〔**案例 2**〕大学生王某持其妹妹的准考证、身份证代替其参加某英语评级考试，入场核验时因相貌差异被监考识破报警。鉴于王某行为未造成严重后果，没有违法所得，且属初犯，主动认错认罚，公安机关依法对其处 1000 元罚款。(第 4 项)

三、扰乱大型群众性活动秩序（第 28 条）

扰乱大型群众性活动秩序处罚规则（第28条）

- ［1］基本处罚规则
  - 一般处罚
    - 警告
    - 500元以下罚款
  - 情节严重
    - 5~10日拘留
    - 可并处1000元以下罚款
- ［2］违法行为类型
  - ①强行进入场内
  - ②违规燃放物品
    - 烟花爆竹
    - 其他物品
  - ③ 展示侮辱性物品 — 标语/条幅等
  - ④ 围攻工作人员
    - 裁判员
    - 运动员
    - 其他工作人员
  - ⑤ 投掷杂物不听制止
  - ⑥ 其他扰乱行为
- ［3］特殊附加措施
  - 适用条件
    - 扰乱体育比赛/文艺演出活动秩序
    - 被处以拘留处罚的
  - 措施内容 — 可同时附加6个月至1年禁入令
    - 禁入体育/演出场馆
    - 观看同类比赛或演出
  - 违反后果
    - 强行带离
    - 可处5日以下拘留或1000元以下罚款

第二十八条　有下列行为之一，扰乱体育、文化等大型群众性活动秩序的，处警告或者五百元以下罚款；情节严重的，处五日以上十日以下拘留，可以并处一千元以下罚款：

（一）强行进入场内的；

（二）违反规定，在场内燃放烟花爆竹或者其他物品的；

（三）展示侮辱性标语、条幅等物品的；

（四）围攻裁判员、运动员或者其他工作人员的；

（五）向场内投掷杂物，不听制止的；

（六）扰乱大型群众性活动秩序的其他行为。

因扰乱体育比赛、文艺演出活动秩序被处以拘留处罚的，可以同时责令其六个月至一年以内不得进入体育场馆、演出场馆观看同类比赛、演出；违反规定进入体育场馆、演出场馆的，强行带离现场，可以处五日以下拘留或者一千元以下罚款。

〔**案例**〕赵某在观看足球比赛时强闯场地并投掷水瓶，不听制止。公安机关依法对其处8日拘留、罚款500元，并禁入体育场馆观看足球比赛1年。(第1款第1项、第5项，第2款)

四、散布虚假信息及制造恐慌扰乱公共秩序（第 29 条）

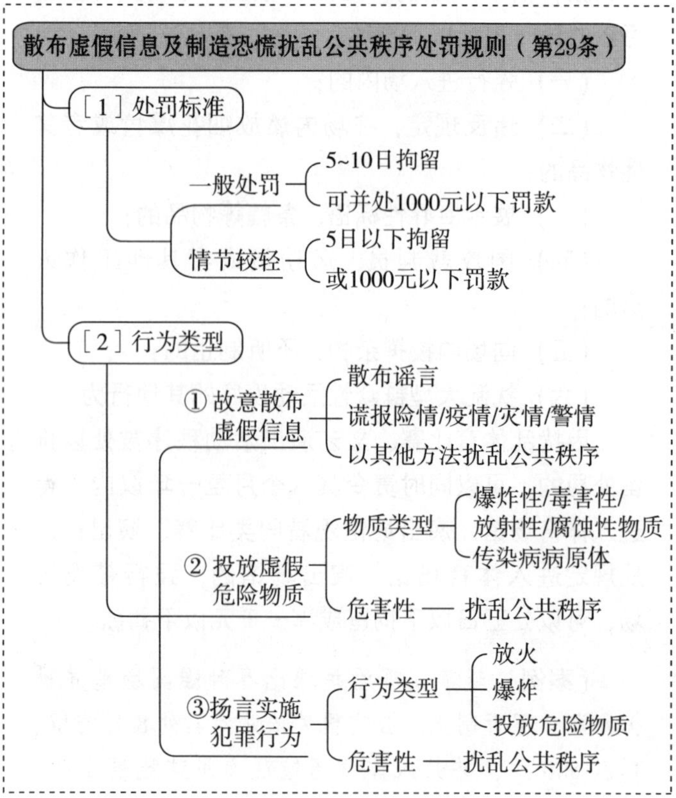
散布虚假信息及制造恐慌扰乱公共秩序处罚规则（第29条）
［1］处罚标准
一般处罚
5~10日拘留
可并处1000元以下罚款
情节较轻
5日以下拘留
或1000元以下罚款
［2］行为类型
① 故意散布虚假信息
散布谣言
谎报险情/疫情/灾情/警情
以其他方法扰乱公共秩序
② 投放虚假危险物质
物质类型
爆炸性/毒害性/放射性/腐蚀性物质
传染病病原体
危害性 — 扰乱公共秩序
③扬言实施犯罪行为
行为类型
放火
爆炸
投放危险物质
危害性 — 扰乱公共秩序

第二十九条　有下列行为之一的，处五日以上十日以下拘留，可以并处一千元以下罚款；情节较轻的，处五日以下拘留或者一千元以下罚款：

（一）故意散布谣言，谎报险情、疫情、灾情、警情或者以其他方法故意扰乱公共秩序的；

（二）投放虚假的爆炸性、毒害性、放射性、腐蚀性物质或者传染病病原体等危险物质扰乱公共秩序的；

（三）扬言实施放火、爆炸、投放危险物质等危害公共安全犯罪行为扰乱公共秩序的。

〔**案例**1〕吴某在300人小区微信群内发布文字消息，声称“自来水厂管道泄漏致重金属污染”，并伪造检测报告图片散布，引发小区居民恐慌性抢购桶装水。公安机关经环保部门联合核查，确认水质无异常且信息系捏造。鉴于其行为造成较大社会影响但未衍生实际损害，公安机关依法对吴某处以7日行政拘留，并处罚款800元，同步责令其在微信群内公开辟谣，消除影响。(第1项)

〔**案例**2〕郑某因服装退货遭拒，在商场服务台前持续高声叫嚷“半小时内炸平商场”，挥舞手臂冲向人群，引发现场秩序混乱。民警迅速到场控制事态。公安机关调查认定，其言行符合“扬言实施爆炸危害公共安全”，虽未携带危险物品，但已扰乱公共秩序，依法对其处以5日拘留。(第3项)

五、寻衅滋事（第 30 条）

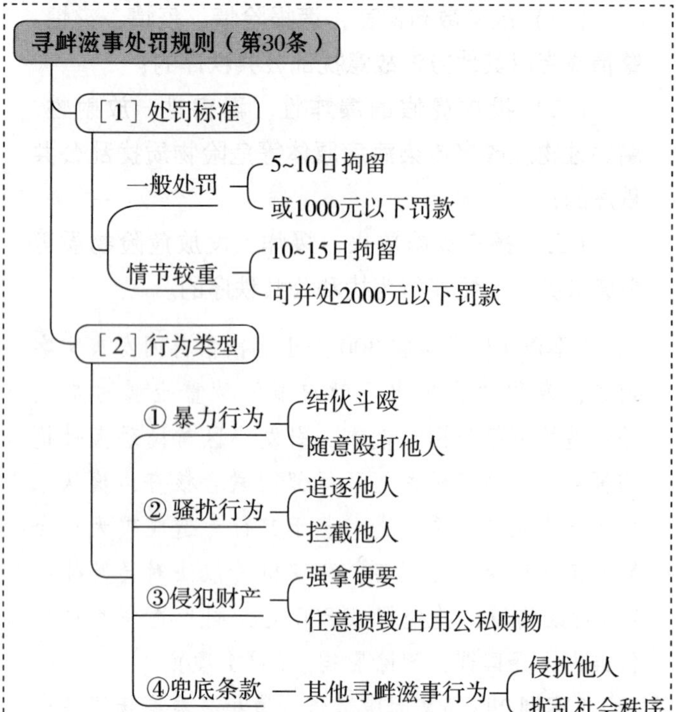
寻衅滋事处罚规则（第30条）
［1］处罚标准
一般处罚
5~10日拘留
或1000元以下罚款
情节较重
10~15日拘留
可并处2000元以下罚款
［2］行为类型
① 暴力行为
结伙斗殴
随意殴打他人
② 骚扰行为
追逐他人
拦截他人
③侵犯财产
强拿硬要
任意损毁/占用公私财物
④兜底条款
其他寻衅滋事行为
侵扰他人
扰乱社会秩序

第三十条 有下列行为之一的，处五日以上十日以下拘留或者一千元以下罚款；情节较重的，处十日以上十五日以下拘留，可以并处二千元以下罚款：

（一）结伙斗殴或者随意殴打他人的；

（二）追逐、拦截他人的；

（三）强拿硬要或者任意损毁、占用公私财物的；

（四）其他无故侵扰他人、扰乱社会秩序的寻衅滋事行为。

〔**案例** 1〕张某等人在夜市大排档因拼座问题发生激烈争吵，张某率先推搡对方人员，随即双方共5人互殴混战，拳打脚踢致3人面部擦伤、手臂淤青（均属轻微伤），现场桌椅翻倒引发混乱。警方接报后迅速控制局面，调查认定5人行为构成寻衅滋事，严重扰乱社会秩序，且致多人受伤，情节较重，分别处以12日至15日拘留，并各处罚款1500元。（第1项）

〔**案例** 2〕王某在中学门口拦截三名初中生，以威胁恐吓手段强行索要零花钱共500元，致学生恐惧不敢上学。公安机关认定其针对未成年人作案、扰乱校园秩序，情节较重，但为首次作案，且违法数额不大，不构成刑事责任，对其处15日拘留，并处罚款1000元，同时责令退赔全部钱款。（第3项）

六、邪教、迷信、会道门及非法宗教活动（第31条）

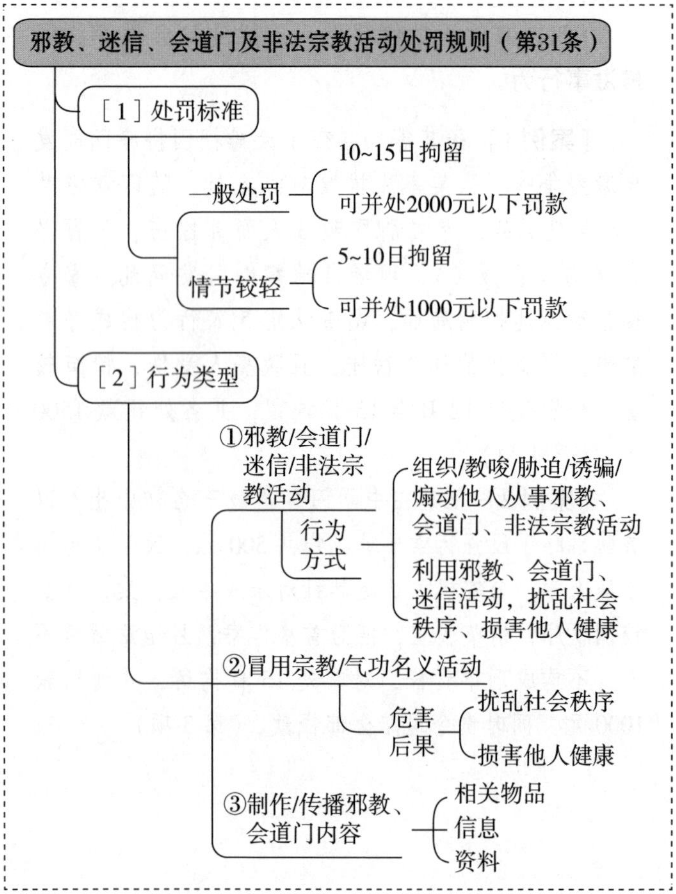
邪教、迷信、会道门及非法宗教活动处罚规则（第31条）
［1］处罚标准
一般处罚
10~15日拘留
可并处2000元以下罚款
情节较轻
5~10日拘留
可并处1000元以下罚款
［2］行为类型
①邪教/会道门/迷信/非法宗教活动
行为方式
组织/教唆/胁迫/诱骗/煽动他人从事邪教、会道门、非法宗教活动
利用邪教、会道门、迷信活动，扰乱社会秩序、损害他人健康
②冒用宗教/气功名义活动
危害后果
扰乱社会秩序
损害他人健康
③制作/传播邪教、会道门内容
相关物品
信息
资料

第三十一条　有下列行为之一的，处十日以上十五日以下拘留，可以并处二千元以下罚款；情节较轻的，处五日以上十日以下拘留，可以并处一千元以下罚款：

（一）组织、教唆、胁迫、诱骗、煽动他人从事邪教活动、会道门活动、非法的宗教活动或者利用邪教组织、会道门、迷信活动，扰乱社会秩序、损害他人身体健康的；

（二）冒用宗教、气功名义进行扰乱社会秩序、损害他人身体健康活动的；

（三）制作、传播宣扬邪教、会道门内容的物品、信息、资料的。

〔**案例** 1〕陈某在小区租房组织“灵修会”，谎称焚香祷告“唤醒灵魂”可治愈疾病，骗取 5 名中老年信徒信任，致其中 2 名高血压患者停用药物致血压升高。公安机关认定其组织迷信活动损害他人健康，扰乱社会秩序，处 12 日拘留，并处 1500 元罚款。(第 1 项)

〔**案例** 2〕李某制作 50 余份印有邪教组织标志及煽动性内容的传单，在社区公园内向晨练群众散发。公安机关现场查获剩余传单，调查确认其首次违法且未造成实质危害扩散，情节较轻，对其处 7 日拘留，并处 500 元罚款，销毁全部传单。(第 3 项)

七、违反无线电管理行为（第 32 条）

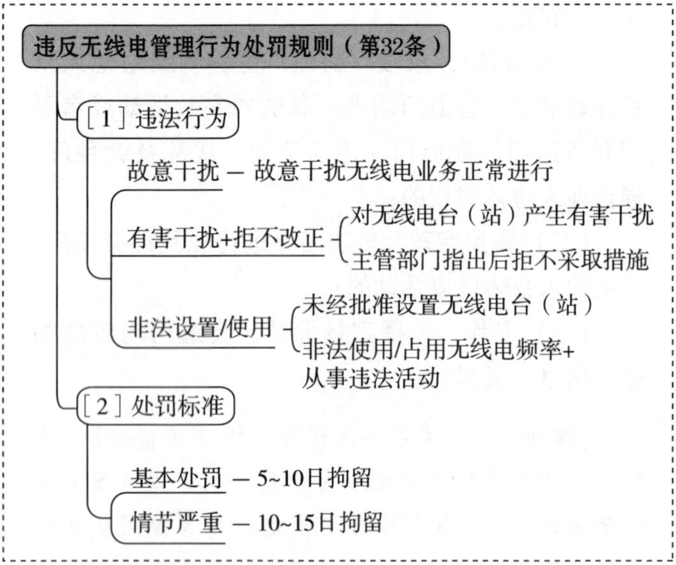
违反无线电管理行为处罚规则（第32条）
［1］违法行为
故意干扰 — 故意干扰无线电业务正常进行
有害干扰+拒不改正
对无线电台（站）产生有害干扰
主管部门指出后拒不采取措施
非法设置/使用
未经批准设置无线电台（站）
非法使用/占用无线电频率+从事违法活动
［2］处罚标准
基本处罚 — 5~10日拘留
情节严重 — 10~15日拘留

第三十二条 违反国家规定，有下列行为之一的，处五日以上十日以下拘留；情节严重的，处十日以上十五日以下拘留：

（一）故意干扰无线电业务正常进行的；

（二）对正常运行的无线电台（站）产生有害干扰，经有关主管部门指出后，拒不采取有效措施消除的；

（三）未经批准设置无线电广播电台、通信基站等无线电台（站）的，或者非法使用、占用无线电频率，从事违法活动的。

〔**案例**1〕张某在家中使用手机信号屏蔽设备干扰周边无线电设备信号，导致邻近住户家中手机、无线网络、电视机遥控器等无线电设备信号时有时无，无法正常使用，持续多日。无线电管理局工作人员进行现场监测和开关机实验后，锁定干扰源位置，并向公安机关出具了“现场手机干扰信号频谱图”。公安机关认定张某构成“故意干扰无线电业务正常进行”，且拒不认错，决定对其处7日拘留。(第1项)

〔**案例**2〕某市无线电管理机构接到气象部门反映，某频段（气象雷达专用频率）出现不明信号干扰。经查，业余无线电爱好者朱某为测试设备性能，擅自使用未核准的发射功率（超出业余频段限制），占用气象雷达频率发送测试信号，影响了气象雷达对寒潮等极端天气的监测预警能力。公安机关认定朱某行为构成扰乱无线电管理秩序，对其处以行政拘留7日，并处800元罚款，设备予以暂扣；其业余无线电台执照由无线电管理机构依法吊销。(第3项)

八、危害计算机信息系统安全（第 33 条）

危害计算机信息系统安全处罚规则（第33条）

- ［1］处罚标准
  - 基本处罚 — 5日以下拘留
  - 情节较重 — 5~15日拘留
- ［2］行为类型
  - ①非法获取数据/实施非法控制
    - 行为方式
      - 侵入计算机系统
      - 其他技术手段
    - 数据类型 —存储/处理/传输的数据
  - ②破坏系统功能（删除/修改/增加/干扰）
  - ③破坏数据与程序
    - 行为方式—删除/修改/增加
    - 对象
      - 存储/处理/传输的数据
      - 应用程序
  - ④制作/传播破坏性程序
    - 行为方式 —故意制作/传播
    - 程序类型 —计算机病毒等
  - ⑤违法提供程序/工具
    - 行为表现
      - 提供违法程序/工具
      - 明知从事违法活动
      - 仍提供程序/工具
    - 用途
      - 侵入系统
      - 非法控制系统

第三十三条 有下列行为之一，造成危害的，处五日以下拘留；情节较重的，处五日以上十五日以下拘留：

（一）违反国家规定，侵入计算机信息系统或者采用其他技术手段，获取计算机信息系统中存储、处理或者传输的数据，或者对计算机信息系统实施非法控制的；

（二）违反国家规定，对计算机信息系统功能进行删除、修改、增加、干扰的；

（三）违反国家规定，对计算机信息系统中存储、处理、传输的数据和应用程序进行删除、修改、增加的；

（四）故意制作、传播计算机病毒等破坏性程序的；

（五）提供专门用于侵入、非法控制计算机信息系统的程序、工具，或者明知他人实施侵入、非法控制计算机信息系统的违法犯罪行为而为其提供程序、工具的。

〔**案例**〕某公司员工因对公司不满，私自对公司计算机信息系统中的关键程序进行删除操作，导致部分业务系统短暂瘫痪，影响公司正常运营。公安机关依法对其处以行政拘留12日、并处800元罚款的处罚。（第2项）

九、传销活动（第 34 条）

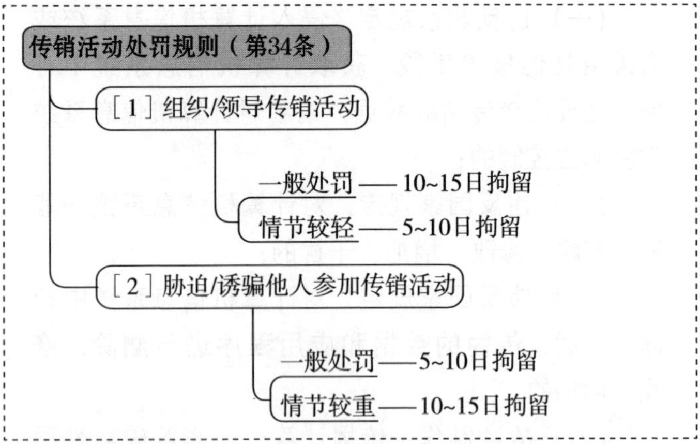
传销活动处罚规则（第34条）
［1］组织/领导传销活动
一般处罚——10~15日拘留
情节较轻——5~10日拘留
［2］胁迫/诱骗他人参加传销活动
一般处罚——5~10日拘留
情节较重——10~15日拘留

第三十四条 组织、领导传销活动的，处十日以上十五日以下拘留；情节较轻的，处五日以上十日以下拘留。

胁迫、诱骗他人参加传销活动的，处五日以上十日以下拘留；情节较重的，处十日以上十五日以下拘留。

〔**案例**〕赵某以某生物公司 APP 为平台，组织四级传销层级（消费商至董事），诱骗会员缴纳入门费发展下线。公安机关调查后认定赵某行为构成组织、领导传销活动，对其处以 15 日拘留。

十、侵害英烈人格利益及扰乱重要活动秩序（第35条）

侵害英烈人格利益及扰乱重要活动秩序处罚规则（第35条）

- [1] 处罚标准
  - 一般处罚
    - 5~10日拘留
    - 或1000~3000元罚款
  - 情节较重
    - 10~15日拘留
    - 可并处5000元以下罚款
- [2] 行为类型
  - ①重要活动场所不当行为
    - 活动性质—国家重要活动（庆祝/纪念/缅怀/公祭等）
    - 区域范围—活动场所及周边管控区域
    - 行为特征
      - 故意违背活动主题
      - 不听劝阻
    - 危害后果—严重不良社会影响
  - ②英烈纪念设施保护范围不当行为—行为表现
    - 从事有损环境和氛围的活动+不听劝阻
    - 侵占/破坏/污损纪念设施
  - ③侵害英烈人格利益
    - 侵害方式 — 侮辱/诽谤/其他方式
    - 侵害对象 — 姓名/肖像/名誉/荣誉
    - 危害后果 — 损害社会公共利益

（续上图）

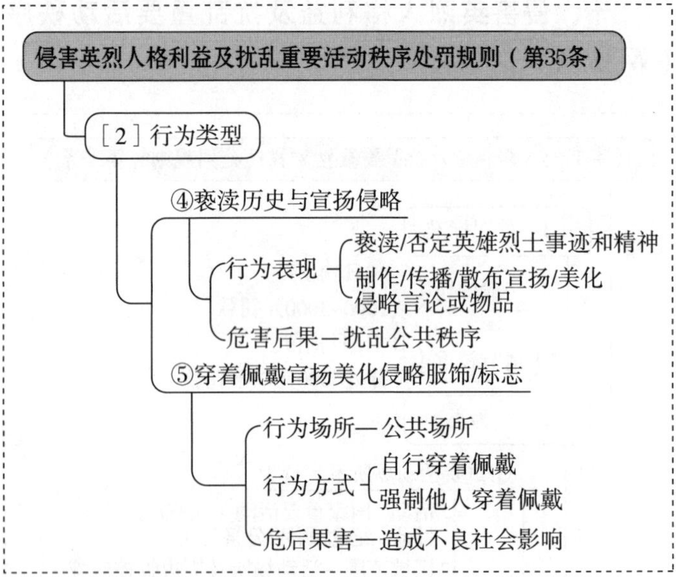
侵害英烈人格利益及扰乱重要活动秩序处罚规则（第35条）
［2］行为类型
④亵渎历史与宣扬侵略
行为表现
亵渎/否定英雄烈士事迹和精神
制作/传播/散布宣扬/美化
侵略言论或物品
危害后果—扰乱公共秩序
⑤穿着佩戴宣扬美化侵略服饰/标志
行为场所—公共场所
行为方式
自行穿着佩戴
强制他人穿着佩戴
危后果害—造成不良社会影响

第三十五条 有下列行为之一的，处五日以上十日以下拘留或者一千元以上三千元以下罚款；情节较重的，处十日以上十五日以下拘留，可以并处五千元以下罚款：

（一）在国家举行庆祝、纪念、缅怀、公祭等重要活动的场所及周边管控区域，故意从事与活动主题和氛围相违背的行为，不听劝阻，造成不良社会影响的；

（二）在英雄烈士纪念设施保护范围内从事有损纪念英雄烈士环境和氛围的活动，不听劝阻的，或者侵占、破坏、污损英雄烈士纪念设施的；

（三）以侮辱、诽谤或者其他方式侵害英雄烈士的姓名、肖像、名誉、荣誉，损害社会公共利益的；

（四）亵渎、否定英雄烈士事迹和精神，或者制作、传播、散布宣扬、美化侵略战争、侵略行为的言论或者图片、音视频等物品，扰乱公共秩序的；

（五）在公共场所或者强制他人在公共场所穿着、佩戴宣扬、美化侵略战争、侵略行为的服饰、标志，不听劝阻，造成不良社会影响的。

〔**案例** 1〕潘某在国家公祭日期间，于纪念场馆周边高声播放娱乐音乐，经多次劝阻拒不改正，造成恶劣影响。公安机关对其处 7 日拘留。（第 1 项）

〔**案例** 2〕清明节期间，张某在某市烈士陵园内，不顾工作人员劝阻，公然在烈士墓碑前摆拍低俗短视频，并配以不当言论在网上传播，严重破坏了烈士陵园庄严、肃穆的环境和氛围，引发群众不满。公安机关依法对其处 10 日拘留，并处 1000 元罚款。（第 2 项）

〔**案例** 3〕王某在网络上发布篡改的烈士照片并配侮辱性文字，该帖子被大量转载，造成恶劣社会影响。公安机关依法对其处 15 日拘留，并处 5000 元罚款。（第 3 项）

第二节　妨害公共安全的行为和处罚

一、危险物质相关违法行为（第 36、37 条）

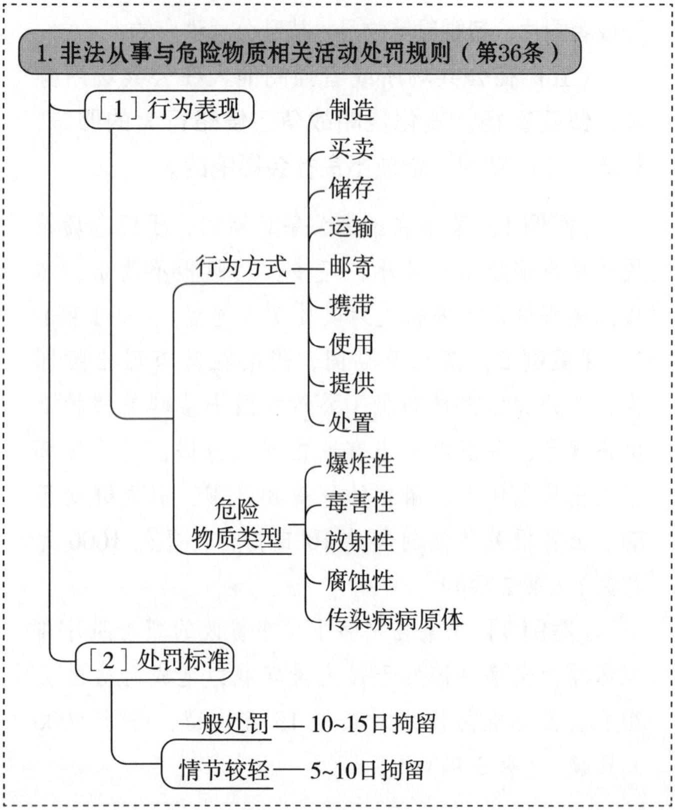
1. 非法从事与危险物质相关活动处罚规则（第36条）
［1］行为表现
行为方式
制造
买卖
储存
运输
邮寄
携带
使用
提供
处置
危险物质类型
爆炸性
毒害性
放射性
腐蚀性
传染病病原体
［2］处罚标准
一般处罚——10~15日拘留
情节较轻——5~10日拘留

第三十六条　违反国家规定，制造、买卖、储存、运输、邮寄、携带、使用、提供、处置爆炸性、毒害性、放射性、腐蚀性物质或者传染病病原体等危险物质的，处十日以上十五日以下拘留；情节较轻的，处五日以上十日以下拘留。

〔**案例**1〕某地公安机关在安全检查中发现，居民黄某在自家住宅内非法储存大量烟花爆竹，且无任何安全防护措施，存在较大安全隐患。经查，黄某为谋取私利，从非正规渠道购入烟花爆竹并囤积待售。公安机关依法对黄某处以拘留10日，查获的烟花爆竹予以收缴。

〔**案例**2〕村民刘某为灭杀害虫，在自家院落内非法配制高浓度农药（含剧毒成分），未按规定使用专用容器储存，导致部分农药泄漏，污染小范围土壤和水源。公安机关认定其非法制造毒害性物质，对其处以拘留7日。

〔**案例**3〕白某在未取得生物安全许可的情况下，私自携带装有高致病性禽流感病毒样本的试管（未采取专业防护措施）乘坐地铁，被安检人员查获。经疾控部门鉴定，样本若泄漏可能导致病毒传播。公安机关对白某处以行政拘留15日；病毒样本由疾控部门专业销毁。

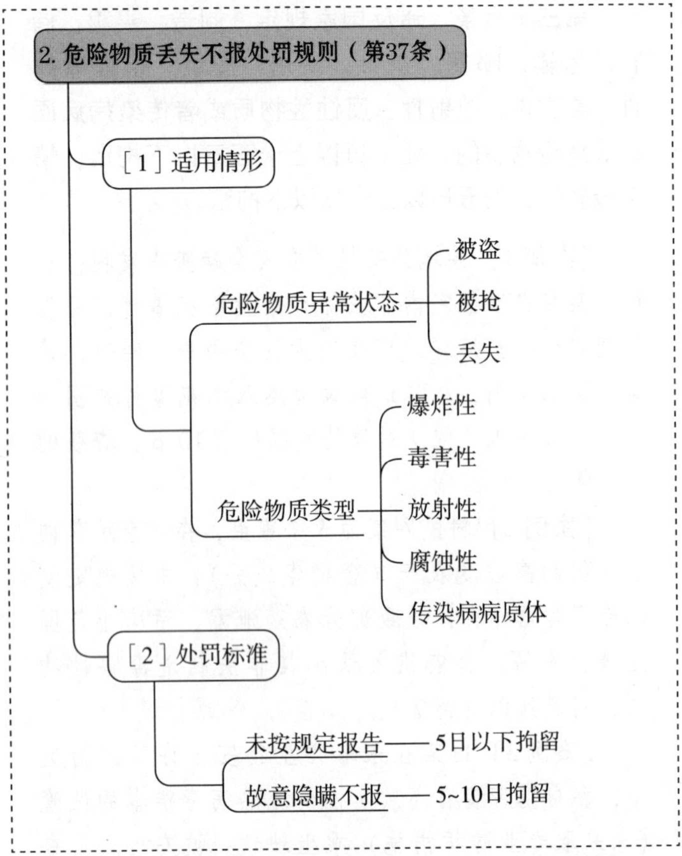
2. 危险物质丢失不报处罚规则（第37条）
[1] 适用情形
危险物质异常状态
被盗
被抢
丢失
危险物质类型
爆炸性
毒害性
放射性
腐蚀性
传染病病原体
[2] 处罚标准
未按规定报告
5日以下拘留
故意隐瞒不报
5~10日拘留

第三十七条 爆炸性、毒害性、放射性、腐蚀性物质或者传染病病原体等危险物质被盗、被抢或者丢失，未按规定报告的，处五日以下拘留；故意隐瞒不报的，处五日以上十日以下拘留。

二、非法携带枪支/弹药/管制器具（第 38 条）

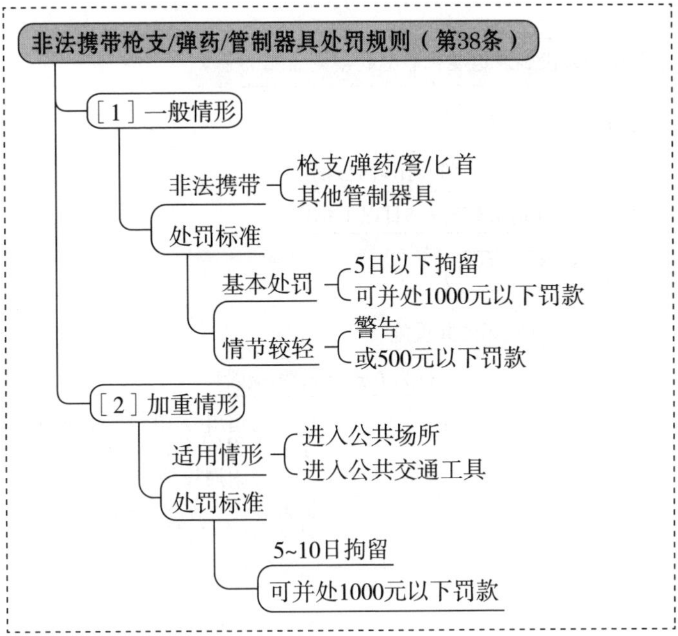
非法携带枪支/弹药/管制器具处罚规则（第38条）
[1] 一般情形
非法携带
枪支/弹药/弩/匕首
其他管制器具
处罚标准
基本处罚
5日以下拘留
可并处1000元以下罚款
情节较轻
警告
或500元以下罚款
[2] 加重情形
适用情形
进入公共场所
进入公共交通工具
处罚标准
5~10日拘留
可并处1000元以下罚款

第三十八条　非法携带枪支、弹药或者弩、匕首等国家规定的管制器具的，处五日以下拘留，可以并处一千元以下罚款；情节较轻的，处警告或者五百元以下罚款。

非法携带枪支、弹药或者弩、匕首等国家规定的管制器具进入公共场所或者公共交通工具的，处五日以上十日以下拘留，可以并处一千元以下罚款。

三、破坏公共设施及边境标志（第 39 条）

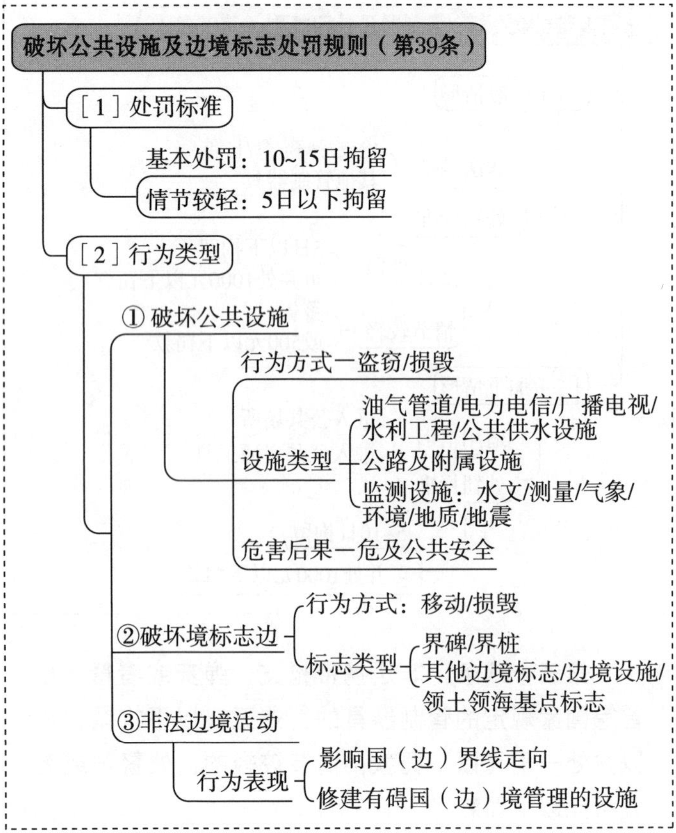
破坏公共设施及边境标志处罚规则（第39条）
［1］处罚标准
基本处罚：10~15日拘留
情节较轻：5日以下拘留
［2］行为类型
① 破坏公共设施
行为方式一盗窃/损毁
设施类型
油气管道/电力电信/广播电视/水利工程/公共供水设施
公路及附属设施
监测设施：水文/测量/气象/环境/地质/地震
危害后果一危及公共安全
②破坏境标志边
行为方式：移动/损毁
标志类型
界碑/界桩
其他边境标志/边境设施/领土领海基点标志
③非法边境活动
行为表现
影响国（边）界线走向
修建有碍国（边）境管理的设施

第三十九条 有下列行为之一的，处十日以上十五日以下拘留；情节较轻的，处五日以下拘留：

（一）盗窃、损毁油气管道设施、电力电信设施、广播电视设施、水利工程设施、公共供水设施、公路及附属设施或者水文监测、测量、气象测报、生态环境监测、地质监测、地震监测等公共设施，危及公共安全的；

（二）移动、损毁国家边境的界碑、界桩以及其他边境标志、边境设施或者领土、领海基点标志设施的；

（三）非法进行影响国（边）界线走向的活动或者修建有碍国（边）境管理的设施的。

〔**案例** 1〕张某因与村委会存在矛盾，故意用挖掘机挖毁村集体的农田灌溉水渠，导致下游农田无法正常灌溉，影响农业生产。其行为构成损毁公共供水设施，危及农业生产和公共安全，被公安机关处以 10 日拘留。(第 1 项)

〔**案例** 2〕王某在边境旅游，擅自将界碑移动约 5 米。经测绘部门鉴定，该行为可能影响国界线走向认定。公安机关对王某处以 15 日拘留。相关主管部门对界碑进行了复位并加固。(第 2 项)

〔**案例** 3〕王某擅自在边境线修建养殖场围栏，阻碍边防巡逻且拒不拆除，被处 10 日拘留，并对围栏予以强制拆除。(第 3 项)

四、妨害航空及公共交通设施安全（第40~42条）

1. 妨害航空及其他公共交通设施安全处罚规则（第40条）

- ［1］妨害航空设施（使用中）行为
  - 行为类型
    - 盗窃/损坏/擅自移动
    - 使用中的航空设施
    - 强行进入驾驶舱
  - 处罚：10~15日拘留
- ［2］干扰航空器（使用中）导航系统行为
  - 行为表现
    - 在使用中的航空器上
    - 使用影响导航系统功能的器具
    - 不听劝阻
  - 处罚
    - 5日以下拘留
    - 或1000元以下罚款
- ［3］妨害其他公共交通工具设施设备（使用中）行为
  - 行为类型
    - 盗窃/损坏/擅自移动使用中的公共交通工具
    - 干扰正常行驶
      - 抢控驾驶装置
      - 拉扯驾驶人
      - 殴打驾驶人
  - 处罚标准
    - 基本处罚
      - 5日以下拘留
      - 或1000元以下罚款
    - 情节较重—5~10日拘留

第四十条　盗窃、损坏、擅自移动使用中的航空设施，或者强行进入航空器驾驶舱的，处十日以上十五日以下拘留。

在使用中的航空器上使用可能影响导航系统正常功能的器具、工具，不听劝阻的，处五日以下拘留或者一千元以下罚款。

盗窃、损坏、擅自移动使用中的其他公共交通工具设施、设备，或者以抢控驾驶操纵装置、拉扯、殴打驾驶人员等方式，干扰公共交通工具正常行驶的，处五日以下拘留或者一千元以下罚款；情节较重的，处五日以上十日以下拘留。

〔**案例** 1〕张某趁工作人员不备，盗取航班上的救生衣 2 件，意图转卖获利。救生衣为飞行中紧急救援必备设备，其缺失可能导致乘客安全风险。张某行为构成盗窃使用中的航空设施，公安机关对其处以拘留 12 日。(第 1 款)

〔**案例** 2〕单某在飞行航班内，使用便携式电子设备（含强信号发射模块，可能导致导航精度短暂下降），干扰飞机导航系统信号，机组人员多次劝阻无效。公安机关依法对单某处以拘留 5 日。(第 2 款)

〔**案例** 3〕任某与地铁人员发生纠纷，故意用铁棍击打站台屏蔽门，导致门体变形无法正常关闭，影响后续列车进站，地铁运营延误 20 分钟。公安机关依法对任某处以拘留 10 日，并责令赔偿损失。(第 3 款)

2. 妨害铁路及城市轨道交通运行安全处罚规则（第41条）

- ［1］处罚标准
  - 一般处罚
    - 5~10日拘留
    - 可并处1000元以下罚款
  - 情节较轻
    - 5日以下拘留
    - 或1000元以下罚款
- ［2］行为类型
  - ①破坏设施设备
    - 行为方式——盗窃/损毁/擅自移动
    - 对象
      - 铁路/轨道交通设施设备
      - 机车车辆配件
      - 安全标志
  - ②危及行车安全
    - 行为表现
      - 在线路上放置障碍物
      - 向列车投掷物品
  - ③破坏线路基础
    - 行为方式
      - 挖掘坑穴
      - 采石取沙
    - 行为地点——交通线路/桥梁/隧道/涵洞
  - ④非法设置道口
    - 行为表现——在线路上私设道口/平交过道

第四十一条　有下列行为之一的，处五日以上十日以下拘留，可以并处一千元以下罚款；情节较轻的，处五日以下拘留或者一千元以下罚款：

（一）盗窃、损毁、擅自移动铁路、城市轨道交通设施、设备、机车车辆配件或者安全标志的；

（二）在铁路、城市轨道交通线路上放置障碍物，或者故意向列车投掷物品的；

（三）在铁路、城市轨道交通线路、桥梁、隧道、涵洞处挖掘坑穴、采石取沙的；

（四）在铁路、城市轨道交通线路上私设道口或者平交过道的。

〔**案例**1〕贺某在地铁站与人争吵，因情绪失控将行李箱及水瓶扔入地铁轨道，导致进站列车紧急制动停驶。工作人员迅速断电并清理轨道，8分钟后恢复运营。公安机关调查后，依法对贺某处以5日拘留。(第2项)

〔**案例**2〕村民荣某为储存饲料，擅自使用铲车在铁路路基坡脚4米处挖掘大型土坑。经铁路民警勘察，该坑穴直接破坏了铁路边坡稳定性，在雨季可能诱发边坡坍塌。公安机关对荣某处以5日拘留，并责令其限期回填坑穴。(第3项)

〔**案例**3〕货运司机曾某为缩短运输路径，利用铁路护栏破损处自行填土形成斜坡道口，方便穿越铁路线运输建材。铁路部门监测发现后及时封堵路口。公安机关对曾某处7日拘留，并责令其恢复铁路原状。(第4项)

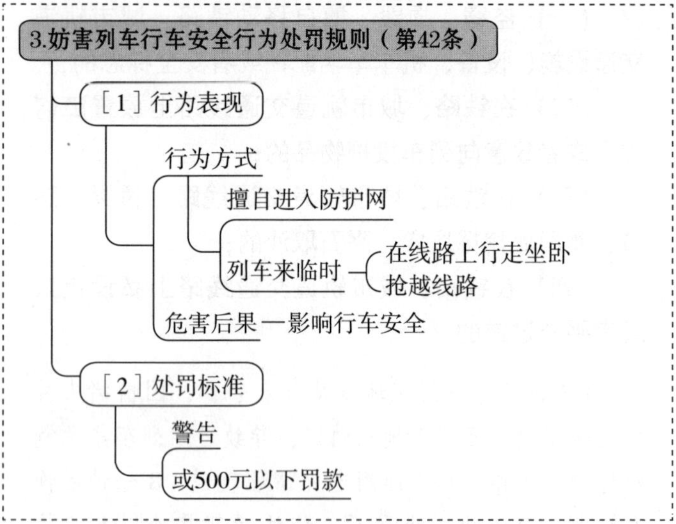
3.妨害列车行车安全行为处罚规则（第42条）
［1］行为表现
行为方式
擅自进入防护网
列车来临时
在线路上行走坐卧
抢越线路
危害后果—影响行车安全
［2］处罚标准
警告
或500元以下罚款

第四十二条 擅自进入铁路、城市轨道交通防护网或者火车、城市轨道交通列车来临时在铁路、城市轨道交通线路上行走坐卧，抢越铁路、城市轨道，影响行车安全的，处警告或者五百元以下罚款。

〔**案例**〕王某为抄近路回家，在火车临近时抢越线路，司机紧急制动导致列车延误15分钟。王某行为严重影响行车安全，公安机关依法对其处以200元罚款。

五、电网违规/施工隐患/破坏设施/明火升空物/高空抛物等妨害公共安全行为（第 43 条）

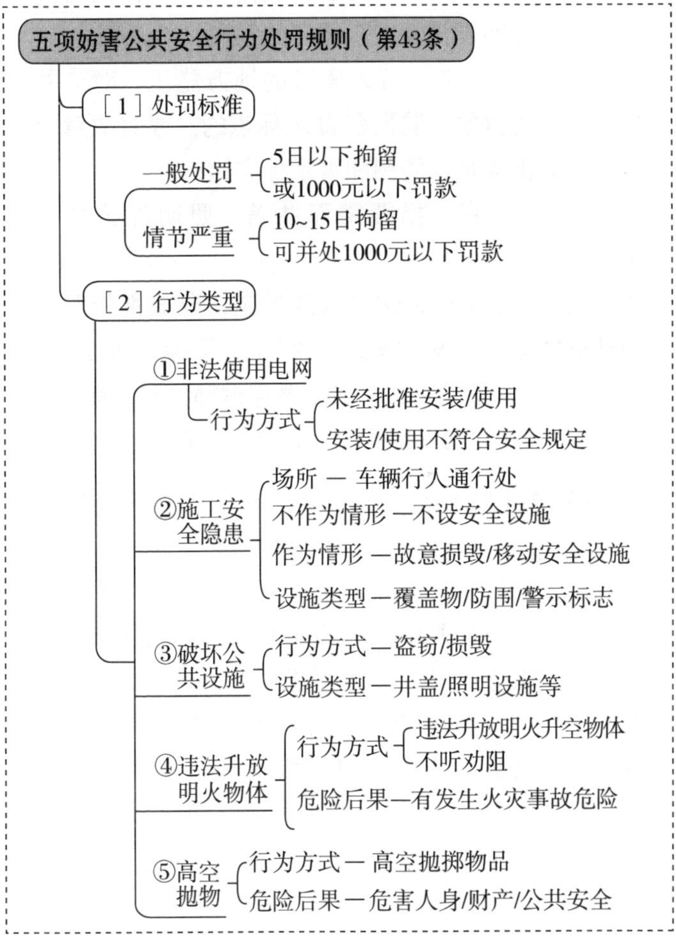
五项妨害公共安全行为处罚规则（第43条）
[1] 处罚标准
一般处罚
5日以下拘留
或1000元以下罚款
情节严重
10~15日拘留
可并处1000元以下罚款
[2] 行为类型
①非法使用电网
行为方式
未经批准安装/使用
安装/使用不符合安全规定
②施工安全隐患
场所 — 车辆行人通行处
不作为情形 —不设安全设施
作为情形 —故意损毁/移动安全设施
设施类型 —覆盖物/防围/警示标志
③破坏公共设施
行为方式 —盗窃/损毁
设施类型 —井盖/照明设施等
④违法升放明火物体
行为方式
违法升放明火升空物体
不听劝阻
危险后果—有发生火灾事故危险
⑤高空抛物
行为方式 — 高空抛掷物品
危险后果 — 危害人身/财产/公共安全

第四十三条 有下列行为之一的，处五日以下拘留或者一千元以下罚款；情节严重的，处十日以上十五日以下拘留，可以并处一千元以下罚款：

（一）未经批准，安装、使用电网的，或者安装、使用电网不符合安全规定的；

（二）在车辆、行人通行的地方施工，对沟井坎穴不设覆盖物、防围和警示标志的，或者故意损毁、移动覆盖物、防围和警示标志的；

（三）盗窃、损毁路面井盖、照明等公共设施的；

（四）违反有关法律法规规定，升放携带明火的升空物体，有发生火灾事故危险，不听劝阻的；

（五）从建筑物或者其他高空抛掷物品，有危害他人人身安全、公私财产安全或者公共安全危险的。

〔**案例** 1〕李某承包某市商业街下水道维修工程，因赶工期未按规定在挖掘的坑穴周围设置覆盖物、防围栏及警示标志，导致一名路人不慎跌入坑中受伤。公安机关对其处以500元罚款。（第2项）

〔**案例** 2〕赵某不听护林员劝阻，在郊区果园内燃放孔明灯，因风力较大导致灯体飘落至果园草垛，引发火灾。消防部门扑救及时未造成人员伤亡，但烧毁果树10棵。公安机关对赵某处以拘留10日，并处500元罚款。（第4项）

六、大型群众性活动及公共场所安全责任（第 44、45 条）

1. 大型群众性活动安全事故风险处罚规则（第44条）

- ［1］适用条件
  - 活动类型：体育/文化等大型群众性活动
  - 危险状态：有安全事故危险
  - 行为要件
    - 责令改正而拒不改正
    - 或无法改正
- ［2］行政措施
  - 责令停止活动
  - 立即疏散
- ［3］人员处罚
  - 处罚对象
    - 直接负责的主管人员
    - 其他直接责任人员
  - 处罚标准
    - 一般处罚
      - 5~10日拘留
      - 并处1000~3000元罚款
    - 情节较重
      - 10~15日拘留
      - 并处3000~5000元罚款
      - 可责令6个月至1年禁办大型活动

第四十四条　举办体育、文化等大型群众性活动，违反有关规定，有发生安全事故危险，经公安机关责令改正而拒不改正或者无法改正的，责令停止活动，立即疏散；对其直接负责的主管人员和其他直接责任人员处五日以上十日以下拘留，并处一千元以上三千元以下罚款；情节较重的，处十日以上十五日以下拘留，并处三千元以上五千元以下罚款，可以同时责令六个月至一年以内不得举办大型群众性活动。

〔**案例** 1〕某文化公司在未通过消防验收的露天广场举办音乐节，现场疏散通道被摊位堵塞、消防器材配备不足。公安机关检查后下达《责令整改通知书》，要求24小时内清理疏散通道，并增配消防设备。该公司拒不整改，继续售票并举办活动，导致活动现场一度因电路过载引发火情（及时扑灭，无人员伤亡和财产损失）。公安机关果断中止活动，对公司负责人韩某处以拘留12日、罚款5000元，并禁止其6个月内举办同类活动。

〔**案例** 2〕某电竞俱乐部在电竞馆举办“城市争霸赛”，观众席与疏散通道之间堆放大量广告牌、纸箱等杂物，堵塞安全出口。经公安机关责令整改后，该俱乐部以“活动即将结束”为由拒不改正，并拒绝疏散人群。公安机关依法对直接负责的主管人员刘某处以拘留5日，并处罚款3000元。

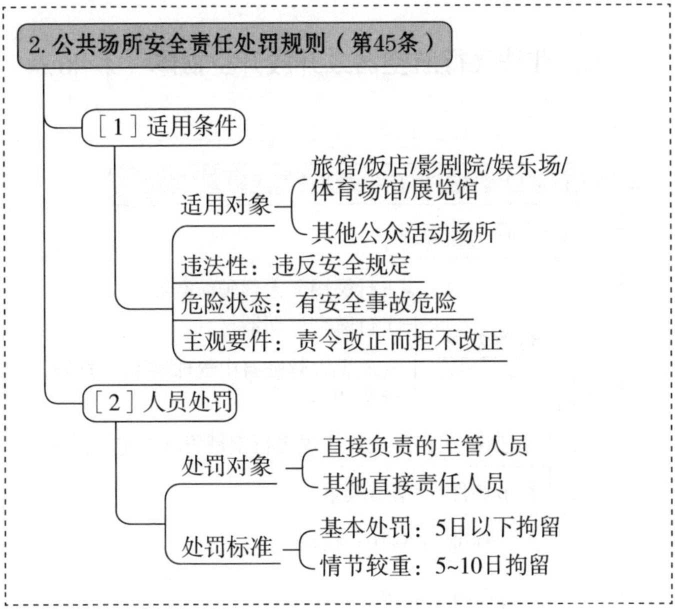
2. 公共场所安全责任处罚规则（第45条）
［1］适用条件
适用对象
旅馆/饭店/影剧院/娱乐场/体育场馆/展览馆
其他公众活动场所
违法性：违反安全规定
危险状态：有安全事故危险
主观要件：责令改正而拒不改正
［2］人员处罚
处罚对象
直接负责的主管人员
其他直接责任人员
处罚标准
基本处罚：5日以下拘留
情节较重：5~10日拘留

第四十五条 旅馆、饭店、影剧院、娱乐场、体育场馆、展览馆或者其他供社会公众活动的场所违反安全规定，致使该场所有发生安全事故危险，经公安机关责令改正而拒不改正的，对其直接负责的主管人员和其他直接责任人员处五日以下拘留；情节较重的，处五日以上十日以下拘留。

〔**案例**〕某电影院安全出口长期上锁，经消防检查责令整改后仍拒不改正。公安机关依据本条规定，对该店经理处以3日拘留。

七、非法飞行航空器或升放升空物体（第46条）

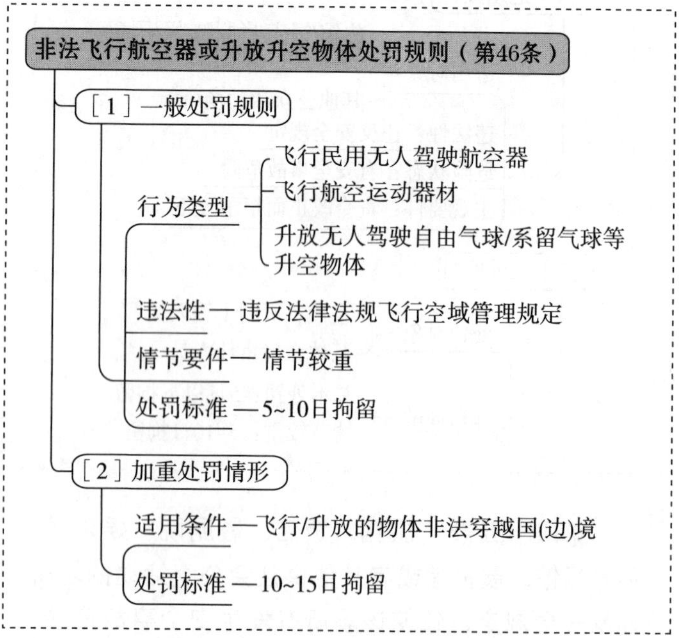
非法飞行航空器或升放升空物体处罚规则（第46条）
［1］一般处罚规则
行为类型
飞行民用无人驾驶航空器
飞行航空运动器材
升放无人驾驶自由气球/系留气球等升空物体
违法性— 违反法律法规飞行空域管理规定
情节要件— 情节较重
处罚标准 —5~10日拘留
［2］加重处罚情形
适用条件 —飞行/升放的物体非法穿越国(边)境
处罚标准 —10~15日拘留

第四十六条 违反有关法律法规关于飞行空域管理规定，飞行民用无人驾驶航空器、航空运动器材，或者升放无人驾驶自由气球、系留气球等升空物体，情节较重的，处五日以上十日以下拘留。

飞行、升放前款规定的物体非法穿越国（边）境的，处十日以上十五日以下拘留。

第三节　侵犯人身权利、财产权利的行为和处罚

一、侵害人身权利与尊严（第47、50~53、60条）

1. 恐怖表演/强迫劳动/限制人身自由等处罚规则（第47条）

- ［1］处罚标准
  - 一般处罚
    - 10~15日拘留
    - 并处1000~2000元罚款
  - 情节较轻
    - 5~10日拘留
    - 并处1000元以下罚款
- ［2］行为类型
  - ①组织强迫表演
    - 行为方式——组织/胁迫/诱骗
    - 侵害对象
      - 不满16周岁者
      - 残疾人
    - 表演内容——恐怖/残忍表演
  - ②强迫劳动
    - 强制手段——暴力/威胁/其他手段
  - ③其他非法侵害
    - 行为类型
      - 非法限制人身自由
      - 非法侵入住宅
      - 非法搜查身体

第四十七条 有下列行为之一的，处十日以上十五日以下拘留，并处一千元以上二千元以下罚款；情节较轻的，处五日以上十日以下拘留，并处一千元以下罚款：

（一）组织、胁迫、诱骗不满十六周岁的人或者残疾人进行恐怖、残忍表演的；

（二）以暴力、威胁或者其他手段强迫他人劳动的；

（三）非法限制他人人身自由、非法侵入他人住宅或者非法搜查他人身体的。

〔**案例** 1〕张某在城乡结合部组织民间杂技表演，以每天给 50 元诱骗 3 名不满 14 周岁的儿童表演“喷火”“吞刀片”等危险节目，致 1 人嘴唇灼伤。经群众举报，公安机关经调查，对张某处以拘留 15 日，并处 1500 元罚款。(第 1 项)

〔**案例** 2〕王某以拖欠工资相威胁，强迫 10 名农民工每日在建筑工地工作 14 小时且无休，并多次辱骂殴打。公安机关对王某处以拘留 12 日，并处 1000 元罚款；劳动部门责令其支付欠薪及赔偿金。(第 2 项)

〔**案例** 3〕陈某怀疑租客张某偷窃，强行闯入其房间翻查，并威胁张某“不承认就报警”。公安机关经查，陈某财物丢失与张某无关，对陈某处以拘留 5 日，并处 800 元罚款，责令其向张某赔礼道歉。(第 3 项)

2. 侵犯人身权利六项行为处罚规则（第50条）

- ［1］处罚标准
  - 一般处罚
    - 5日以下拘留
    - 或1000元以下罚款
  - 情节较重
    - 5~10日拘留
    - 可并处1000元以下罚款
- ［2］行为类型
  - ①威胁人身安全—写恐吓信/其他威胁方法
  - ②侮辱诽谤—公然侮辱/捏造事实诽谤
  - ③诬告陷害
    - 捏造事实
    - 企图使他人受追究
      - 刑事追究
      - 治安处罚
  - ④侵害证人及其近亲属—威胁/侮辱/殴打/打击报复
  - ⑤干扰正常生活
    - 多次发送淫秽/侮辱/恐吓等信息
    - 其他方法：滋扰/纠缠/跟踪
  - ⑥侵犯隐私—偷窥/偷拍/窃听/散布隐私
- ［3］特殊处置措施
  - 适用对象—滋扰/纠缠/跟踪行为（第⑤项）
  - 措施内容：禁止接触令
    - 一定期限内禁止接触被侵害人
  - 批准程序—公安机关负责人批准
  - 违反后果
    - 5~10日拘留
    - 可并处1000元以下罚款

第五十条 有下列行为之一的，处五日以下拘留或者一千元以下罚款；情节较重的，处五日以上十日以下拘留，可以并处一千元以下罚款：

（一）写恐吓信或者以其他方法威胁他人人身安全的；

（二）公然侮辱他人或者捏造事实诽谤他人的；

（三）捏造事实诬告陷害他人，企图使他人受到刑事追究或者受到治安管理处罚的；

（四）对证人及其近亲属进行威胁、侮辱、殴打或者打击报复的；

（五）多次发送淫秽、侮辱、恐吓等信息或者采取滋扰、纠缠、跟踪等方法，干扰他人正常生活的；

（六）偷窥、偷拍、窃听、散布他人隐私的。

有前款第五项规定的滋扰、纠缠、跟踪行为的，除依照前款规定给予处罚外，经公安机关负责人批准，可以责令其一定期限内禁止接触被侵害人。对违反禁止接触规定的，处五日以上十日以下拘留，可以并处一千元以下罚款。

〔**案例**〕李某因感情纠纷，连续一周向“情敌”范某发送“不放手就死”等恐吓短信。王某报警，公安机关依法对李某处以2日拘留。（第1项）

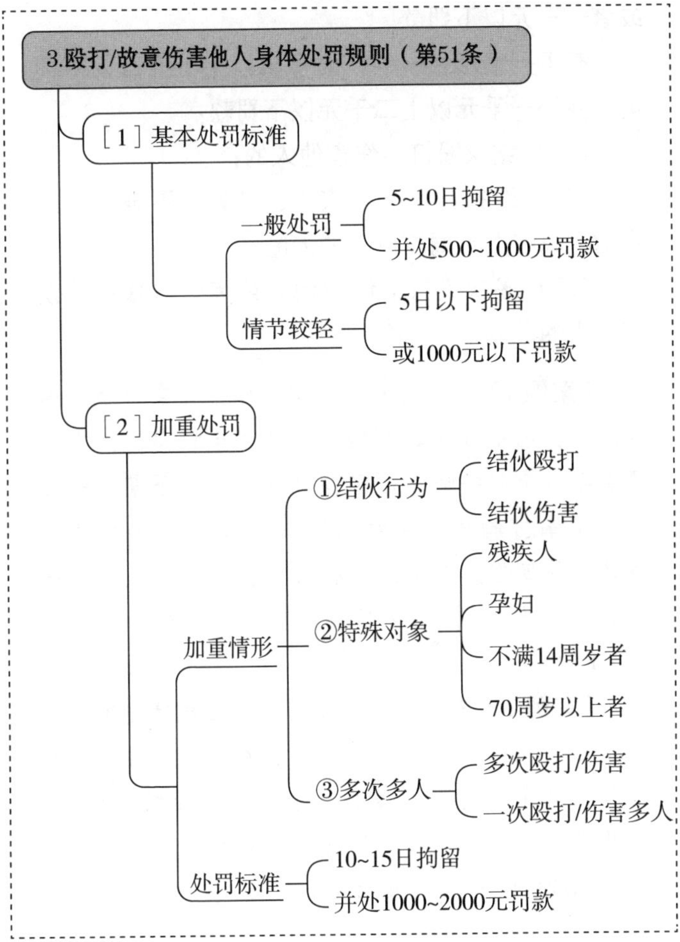
3.殴打/故意伤害他人身体处罚规则（第51条）
［1］基本处罚标准
一般处罚
5~10日拘留
并处500~1000元罚款
情节较轻
5日以下拘留
或1000元以下罚款
［2］加重处罚
加重情形
①结伙行为
结伙殴打
结伙伤害
②特殊对象
残疾人
孕妇
不满14周岁者
70周岁以上者
③多次多人
多次殴打/伤害
一次殴打/伤害多人
处罚标准
10~15日拘留
并处1000~2000元罚款

第五十一条　殴打他人的，或者故意伤害他人身体的，处五日以上十日以下拘留，并处五百元以上一千元以下罚款；情节较轻的，处五日以下拘留或者一千元以下罚款。

有下列情形之一的，处十日以上十五日以下拘留，并处一千元以上二千元以下罚款：

（一）结伙殴打、伤害他人的；

（二）殴打、伤害残疾人、孕妇、不满十四周岁的人或者七十周岁以上的人的；

（三）多次殴打、伤害他人或者一次殴打、伤害多人的。

〔**案例** 1〕李某与同伙王某、张某在夜市烧烤摊饮酒时，因结账问题与摊主刘某发生口角。三人借酒滋事，李某持啤酒瓶砸向刘某头部，王某、张某对刘某拳打脚踢，导致刘某头皮破裂（缝 5 针），身体多处瘀伤。李某三人构成结伙殴打他人，公安机关对三人分别处 12 日拘留，并处 1500 元罚款。(第 1 项)

〔**案例** 2〕李某为了报复同事，在放学途中拦截其子王某（13 岁学生），使用棍棒殴打王某背部及四肢，造成多处皮下淤血（经鉴定为轻微伤）。李某构成殴打未成年人，公安机关对其处 15 日拘留，并处 2000 元罚款。(第 2 项)

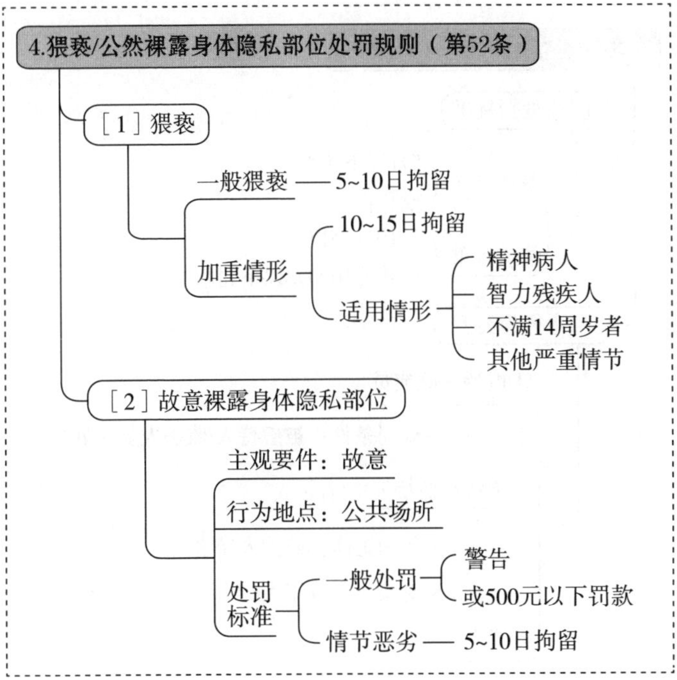
4.猥亵/公然裸露身体隐私部位处罚规则（第52条）
［1］猥亵
一般猥亵——5~10日拘留
加重情形
10~15日拘留
适用情形
精神病人
智力残疾人
不满14周岁者
其他严重情节
［2］故意裸露身体隐私部位
主观要件：故意
行为地点：公共场所
处罚标准
一般处罚
警告
或500元以下罚款
情节恶劣——5~10日拘留

第五十二条　猥亵他人的，处五日以上十日以下拘留；猥亵精神病人、智力残疾人、不满十四周岁的人或者有其他严重情节的，处十日以上十五日以下拘留。

在公共场所故意裸露身体隐私部位的，处警告或者五百元以下罚款；情节恶劣的，处五日以上十日以下拘留。

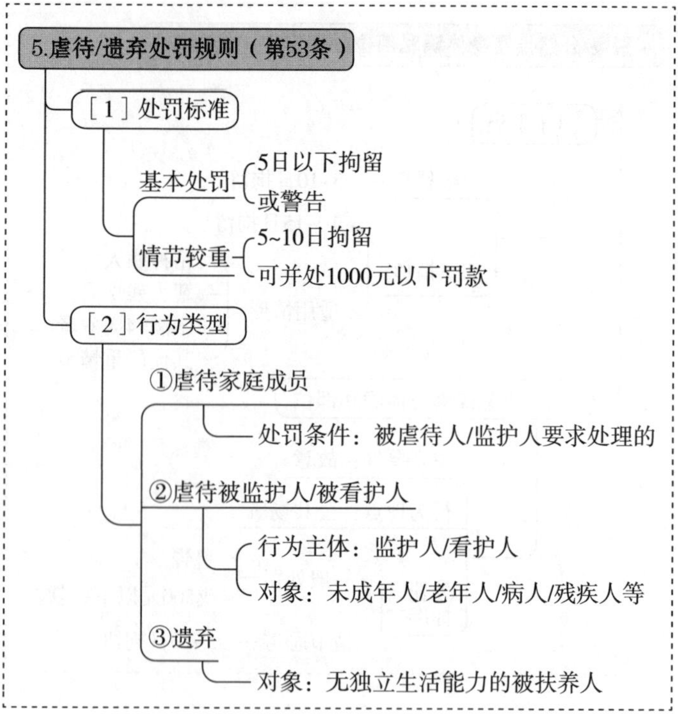
5.虐待/遗弃处罚规则（第53条）
［1］处罚标准
基本处罚
5日以下拘留
或警告
情节较重
5~10日拘留
可并处1000元以下罚款
［2］行为类型
①虐待家庭成员
处罚条件：被虐待人/监护人要求处理的
②虐待被监护人/被看护人
行为主体：监护人/看护人
对象：未成年人/老年人/病人/残疾人等
③遗弃
对象：无独立生活能力的被扶养人

第五十三条 有下列行为之一的，处五日以下拘留或者警告；情节较重的，处五日以上十日以下拘留，可以并处一千元以下罚款：

（一）虐待家庭成员，被虐待人或者其监护人要求处理的；

（二）对未成年人、老年人、患病的人、残疾人等负有监护、看护职责的人虐待被监护、看护的人的；

（三）遗弃没有独立生活能力的被扶养人的。

6.学生欺凌处罚规则（第60条）

- ［1］学生欺凌处理规则
  - 适用对象：学生欺凌实施者
  - 行为要件
    - 行为方式：殴打/侮辱/恐吓等
    - 违法程度：违反治安管理
  - 处理主体：公安机关
  - 法律依据
    - 《治安管理处罚法》
    - 《预防未成年人犯罪法》
  - 处理措施
    - 给予治安管理处罚
    - 采取矫治教育等措施
- ［2］学校责任规则
  - 适用对象：学校
  - 责任要件
    - 违法性—违反法律规定
    - 主观要件：明知发生
      - 严重学生欺凌
      - 其他侵害未成年学生犯罪
    - 不作为
      - 不按规定报告
      - 不按规定处置
  - 法律责任
    - 学校责任：责令改正
    - 人员责任
      - 责任主体
        - 直接负责的主管人员
        - 其他直接责任人员
      - 处理方式：建议有关部门依法处分

第六十条 以殴打、侮辱、恐吓等方式实施学生欺凌，违反治安管理的，公安机关应当依照本法、《中华人民共和国预防未成年人犯罪法》的规定，给予治安管理处罚、采取相应矫治教育等措施。

学校违反有关法律法规规定，明知发生严重的学生欺凌或者明知发生其他侵害未成年学生的犯罪，不按规定报告或者处置的，责令改正，对其直接负责的主管人员和其他直接责任人员，建议有关部门依法予以处分。

〔**案例**1〕16岁学生陈某因嫉妒同学孙某成绩优异，多次通过短信和社交软件发送“你家人安全我负责”等威胁言论，导致孙某出现焦虑和失眠症状。家长报警后，公安机关依法对陈某作出行政拘留5日(因不满18周岁且初次违法不予执行)，责令赔礼道歉，同时学校给予记过处分并安排心理辅导的处理决定。

〔**案例**2〕15岁学生钱某长期遭受同学欺辱、殴打，产生严重厌学情绪，家长多次向班主任反映却未获重视，无奈报警。经查，该校校长、班主任在明知存在校园欺凌的情况下未采取有效处置措施，也未向教育部门或公安机关报告。公安机关建议教育部门对校长、班主任予以处分，同时责令学校限期整改并提交欺凌防治方案。

二、剥削与强迫行为（第 48、49、54 条）

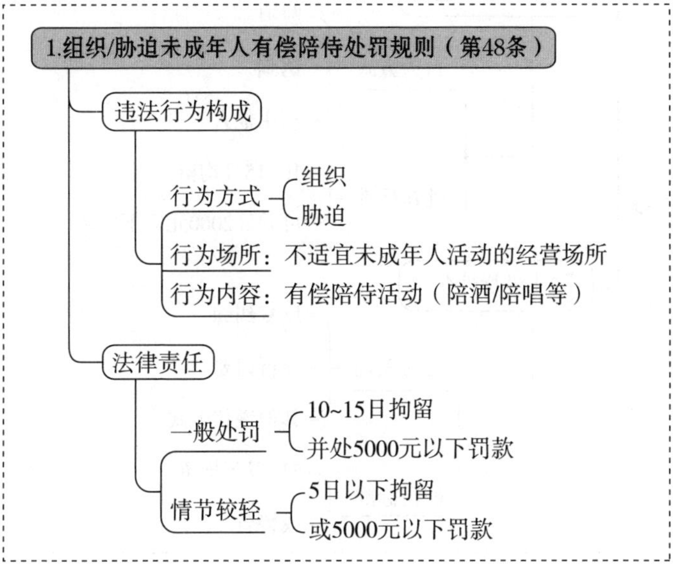
1.组织/胁迫未成年人有偿陪侍处罚规则（第48条）
违法行为构成
行为方式
组织
胁迫
行为场所：不适宜未成年人活动的经营场所
行为内容：有偿陪侍活动（陪酒/陪唱等）
法律责任
一般处罚
10~15日拘留
并处5000元以下罚款
情节较轻
5日以下拘留
或5000元以下罚款

第四十八条　组织、胁迫未成年人在不适宜未成年人活动的经营场所从事陪酒、陪唱等有偿陪侍活动的，处十日以上十五日以下拘留，并处五千元以下罚款；情节较轻的，处五日以下拘留或者五千元以下罚款。

〔**案例**〕酒吧老板张某以高薪诱骗 3 名 15 岁女生从事夜间陪唱服务，并恐吓不准外传。警方调查后，对张某处以 12 日拘留，并处 3000 元罚款。

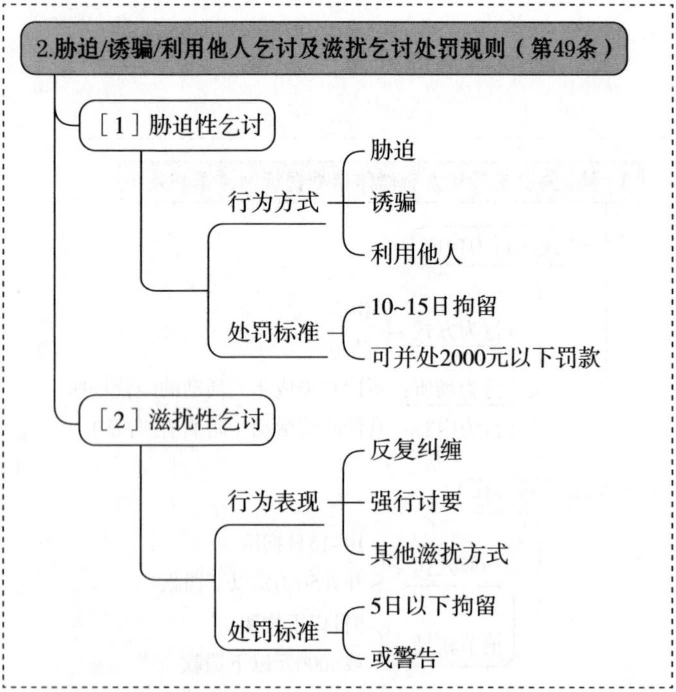
2.胁迫/诱骗/利用他人乞讨及滋扰乞讨处罚规则（第49条）
［1］胁迫性乞讨
行为方式
胁迫
诱骗
利用他人
处罚标准
10~15日拘留
可并处2000元以下罚款
［2］滋扰性乞讨
行为表现
反复纠缠
强行讨要
其他滋扰方式
处罚标准
5日以下拘留
或警告

第四十九条 胁迫、诱骗或者利用他人乞讨的，处十日以上十五日以下拘留，可以并处二千元以下罚款。

反复纠缠、强行讨要或者以其他滋扰他人的方式乞讨的，处五日以下拘留或者警告。

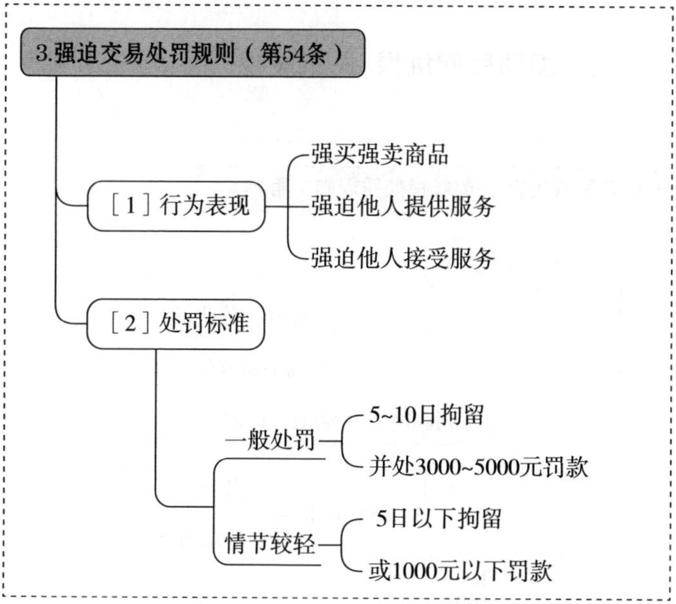
3.强迫交易处罚规则（第54条）
［1］行为表现
强买强卖商品
强迫他人提供服务
强迫他人接受服务
［2］处罚标准
一般处罚
5~10日拘留
并处3000~5000元罚款
情节较轻
5日以下拘留
或1000元以下罚款

第五十四条　强买强卖商品，强迫他人提供服务或者强迫他人接受服务的，处五日以上十日以下拘留，并处三千元以上五千元以下罚款；情节较轻的，处五日以下拘留或者一千元以下罚款。

〔**案例**〕美容院服务人员陈某见杨某咨询护肤项目，未经同意即将杨某拉入美容间，为其敷面膜并要求陈某支付 200 元。杨某拒绝付款并报警，陈某辩称“只是试用装体验”。经查，陈某曾多次以类似手段强迫顾客消费。公安机关对陈某处拘留 5 日，并责令美容院限期整改。

三、煽动民族仇恨/民族歧视（第55条）

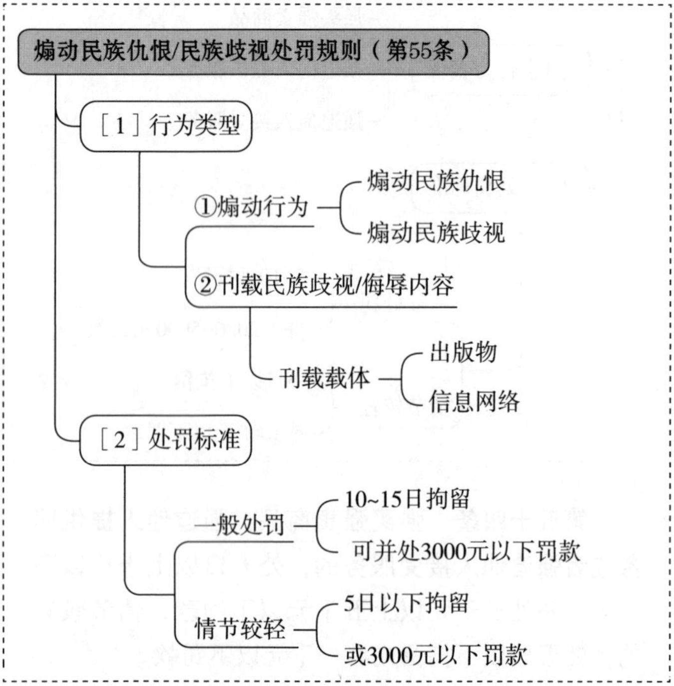
煽动民族仇恨/民族歧视处罚规则（第55条）
[1] 行为类型
①煽动行为
煽动民族仇恨
煽动民族歧视
②刊载民族歧视/侮辱内容
刊载载体
出版物
信息网络
[2] 处罚标准
一般处罚
10~15日拘留
可并处3000元以下罚款
情节较轻
5日以下拘留
或3000元以下罚款

第五十五条 煽动民族仇恨、民族歧视，或者在出版物、信息网络中刊载民族歧视、侮辱内容的，处十日以上十五日以下拘留，可以并处三千元以下罚款；情节较轻的，处五日以下拘留或者三千元以下罚款。

四、侵犯个人信息与通信自由（第56、57条）

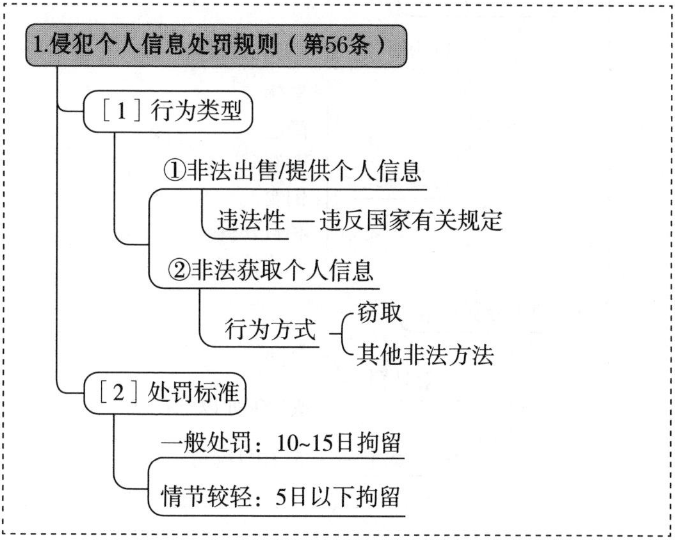
1.侵犯个人信息处罚规则（第56条）
［1］行为类型
①非法出售/提供个人信息
违法性 — 违反国家有关规定
②非法获取个人信息
行为方式
窃取
其他非法方法
［2］处罚标准
一般处罚：10~15日拘留
情节较轻：5日以下拘留

第五十六条　违反国家有关规定，向他人出售或者提供个人信息的，处十日以上十五日以下拘留；情节较轻的，处五日以下拘留。

窃取或者以其他方法非法获取个人信息的，依照前款的规定处罚。

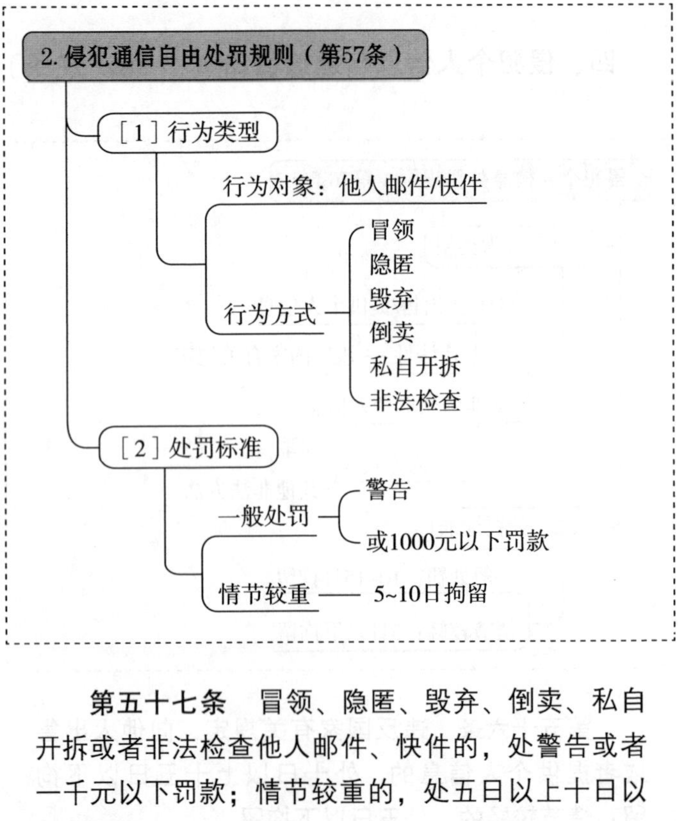
2. 侵犯通信自由处罚规则（第57条）
［1］行为类型
行为对象：他人邮件/快件
行为方式
冒领
隐匿
毁弃
倒卖
私自开拆
非法检查
［2］处罚标准
一般处罚
警告
或1000元以下罚款
情节较重
5~10日拘留

第五十七条 冒领、隐匿、毁弃、倒卖、私自开拆或者非法检查他人邮件、快件的，处警告或者一千元以下罚款；情节较重的，处五日以上十日以下拘留。

〔案例〕 陈某在大学宿舍内，趁同学刘某外出时，私自拆开刘某EMS快件（考研录取通知），查看内容后放回信封。刘某发现信件被拆后报警，陈某承认因“好奇录取结果”而犯错，未传播信件内容。公安机关对其予以警告处罚。

五、侵犯财产权利行为（第 58、59 条）

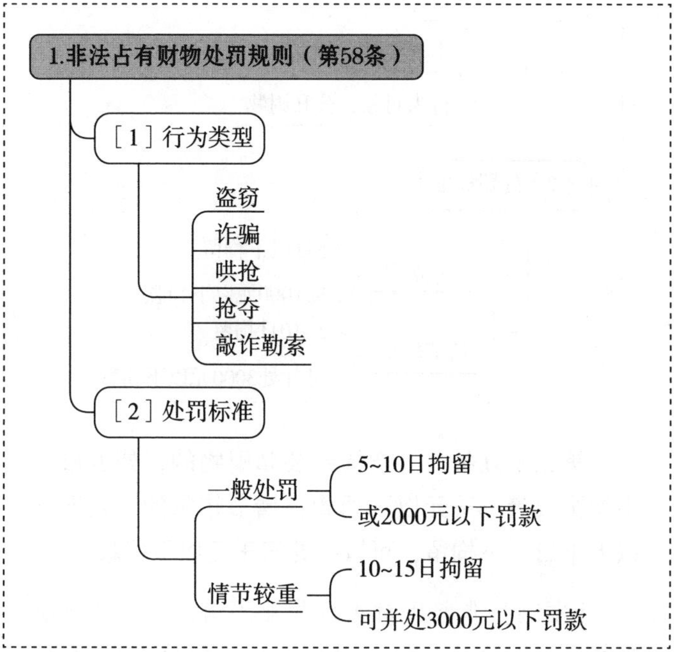
1.非法占有财物处罚规则（第58条）
［1］行为类型
盗窃
诈骗
哄抢
抢夺
敲诈勒索
［2］处罚标准
一般处罚
5~10日拘留
或2000元以下罚款
情节较重
10~15日拘留
可并处3000元以下罚款

第五十八条　盗窃、诈骗、哄抢、抢夺或者敲诈勒索的，处五日以上十日以下拘留或者二千元以下罚款；情节较重的，处十日以上十五日以下拘留，可以并处三千元以下罚款。

2. 故意损毁财物处罚规则（第59条）

- ［1］行为要件
  - 主观要件：故意
  - 行为对象：公私财物
- ［2］处罚标准
  - 一般处罚
    - 5日以下拘留
    - 或1000元以下罚款
  - 情节较重
    - 5~10日拘留
    - 可并处3000元以下罚款

第五十九条 故意损毁公私财物的，处五日以下拘留或者一千元以下罚款；情节较重的，处五日以上十日以下拘留，可以并处三千元以下罚款。

〔**案例**〕张某因对小区物业不满，酒后用石块砸坏小区入口处的电子门禁栏杆（价值1200元），导致门禁系统瘫痪，影响居民正常出入。经物业报案，公安机关查明张某无精神疾病史，破坏行为系故意为之，依法对张某处以行政拘留5日，并处800元罚款。

第四节　妨害社会管理的行为和处罚

一、妨害社会管理秩序类（第 61～69、71～74、87 条）

1.拒不执行紧急状态决定、命令/阻碍执行公务处罚规则（第61条）

- ［1］处罚标准
  - 一般处罚
    - 警告
    - 或500元以下罚款
  - 情节严重
    - 5~10日拘留
    - 可并处1000元以下罚款
- ［2］行为类型
  - ①拒不执行紧急状态决定/命令
    - 由人民政府发布
    - 在紧急状态下发布
  - ②阻碍国家机关工作人员执行职务
  - ③阻碍紧急车船通行
    - 类型：消防车/救护车/工程抢险车/警车/专用船舶
  - ④强行冲闯警戒区域
    - 设置主体：公安机关
    - 区域范围：警戒带/警戒区/检查点
- ［3］从重处罚——阻碍人民警察依法执行职务

第六十一条 有下列行为之一的，处警告或者五百元以下罚款；情节严重的，处五日以上十日以下拘留，可以并处一千元以下罚款：

（一）拒不执行人民政府在紧急状态情况下依法发布的决定、命令的；

（二）阻碍国家机关工作人员依法执行职务的；

（三）阻碍执行紧急任务的消防车、救护车、工程抢险车、警车或者执行上述紧急任务的专用船舶通行的；

（四）强行冲闯公安机关设置的警戒带、警戒区或者检查点的。

阻碍人民警察依法执行职务的，从重处罚。

〔**案例**1〕孙某在街道旁违规搭建阳光房，城管队员依法下达《限期拆除通知书》并现场取证。孙某情绪激动，推搡城管队员并抢夺执法记录仪。经说服教育，孙某认识到错误并配合拆除违建。公安机关对孙某处以警告，并责令赔偿执法记录仪维修费300元。(第1款第2项)

〔**案例**2〕因农田发生火灾，消防车赶往现场救火，行车途中遭吴某驾驶的轿车超车后，故意挡在消防车前面缓慢行驶，消防车多次鸣笛、喊话，该车仍继续压中线缓慢行驶约2公里，严重阻碍了消防车正常通行，造成火灾损失扩大。公安机关依法对吴某作出拘留9日的处罚决定。(第1款第3项)

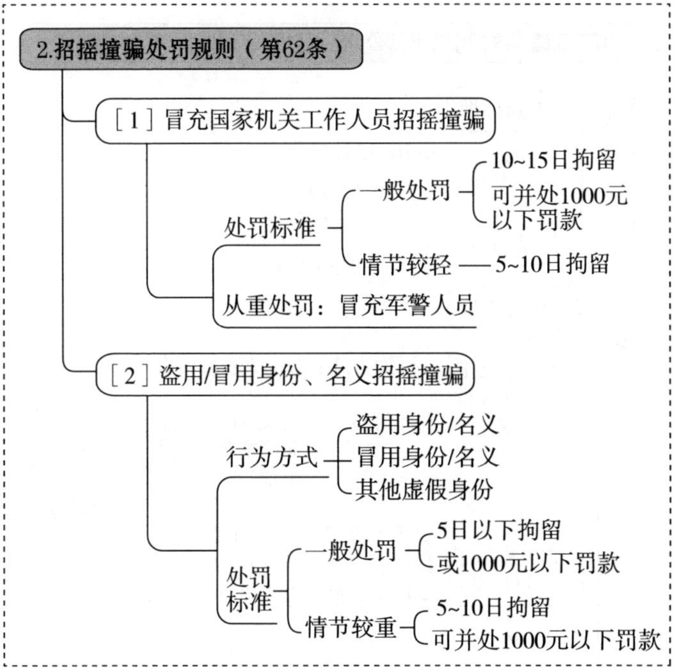
2.招摇撞骗处罚规则（第62条）
［1］冒充国家机关工作人员招摇撞骗
处罚标准
一般处罚
10~15日拘留
可并处1000元以下罚款
情节较轻
5~10日拘留
从重处罚：冒充军警人员
［2］盗用/冒用身份、名义招摇撞骗
行为方式
盗用身份/名义
冒用身份/名义
其他虚假身份
处罚标准
一般处罚
5日以下拘留
或1000元以下罚款
情节较重
5~10日拘留
可并处1000元以下罚款

第六十二条　冒充国家机关工作人员招摇撞骗的，处十日以上十五日以下拘留，可以并处一千元以下罚款；情节较轻的，处五日以上十日以下拘留。

冒充军警人员招摇撞骗的，从重处罚。

盗用、冒用个人、组织的身份、名义或者以其他虚假身份招摇撞骗的，处五日以下拘留或者一千元以下罚款；情节较重的，处五日以上十日以下拘留，可以并处一千元以下罚款。

3. 伪造/变造/买卖/出租出借公文、证件、票证处罚规则（第63条）

- ［1］处罚标准
  - 一般处罚
    - 10~15日拘留
    - 可并处5000元以下罚款
  - 情节较轻
    - 5~10日拘留
    - 可并处3000元以下罚款
- ［2］行为类型
  - ①伪造/变造/买卖文件、印章
    - 行为方式：伪造/变造/买卖
    - 行为对象：公文/证件/证明文件/印章 — 所属机构
      - 国家机关
      - 人民团体
      - 企业
      - 事业单位
      - 其他组织
  - ②出租/出借文件、印章
    - 行为方式：出租/出借
    - 行为对象：同第①项
    - 行为目的：供他人非法使用
  - ③买卖/使用伪造变造文件
    - 行为方式：买卖/使用
    - 行为对象：伪造或变造的公文/证件/证明文件/印章
  - ④伪造/变造/倒卖票证
    - 行为方式：伪造/变造/倒卖
    - 票证类型
      - 车票
      - 船票
      - 航空客票
      - 文艺演出票
      - 体育比赛入场券
      - 其他有价票证/凭证
  - ⑤船舶相关违法行为 — 行为方式
    - 伪造/变造船舶户牌
    - 买卖/使用伪造或变造的户牌
    - 涂改发动机号码

第六十三条　有下列行为之一的，处十日以上十五日以下拘留，可以并处五千元以下罚款；情节较轻的，处五日以上十日以下拘留，可以并处三千元以下罚款：

（一）伪造、变造或者买卖国家机关、人民团体、企业、事业单位或者其他组织的公文、证件、证明文件、印章的；

（二）出租、出借国家机关、人民团体、企业、事业单位或者其他组织的公文、证件、证明文件、印章供他人非法使用的；

（三）买卖或者使用伪造、变造的国家机关、人民团体、企业、事业单位或者其他组织的公文、证件、证明文件、印章的；

（四）伪造、变造或者倒卖车票、船票、航空客票、文艺演出票、体育比赛入场券或者其他有价票证、凭证的；

（五）伪造、变造船舶户牌，买卖或者使用伪造、变造的船舶户牌，或者涂改船舶发动机号码的。

〔**案例**〕赵某为应聘某公司技术岗位，从中介处购买伪造的“某大学本科毕业证书”，成功入职公司。公司法务部对员工学历例行检查时发现赵某学历造假后报警。公安机关核查事实后，对赵某处以拘留10日处罚。（第3项）

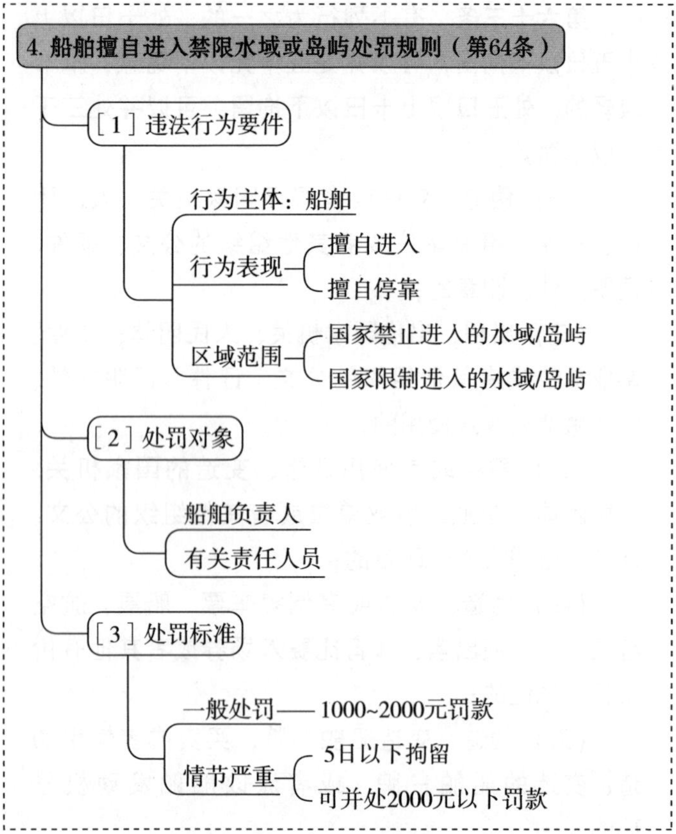
4. 船舶擅自进入禁限水域或岛屿处罚规则（第64条）
[1] 违法行为要件
行为主体：船舶
行为表现
擅自进入
擅自停靠
区域范围
国家禁止进入的水域/岛屿
国家限制进入的水域/岛屿
[2] 处罚对象
船舶负责人
有关责任人员
[3] 处罚标准
一般处罚
1000~2000元罚款
情节严重
5日以下拘留
可并处2000元以下罚款

第六十四条 船舶擅自进入、停靠国家禁止、限制进入的水域或者岛屿的，对船舶负责人及有关责任人员处一千元以上二千元以下罚款；情节严重的，处五日以下拘留，可以并处二千元以下罚款。

5. 非法社会组织活动处罚规则（第65条）

- [1] 处罚标准
  - 一般处罚
    - 10~15日拘留
    - 可并处5000元以下罚款
  - 情节较轻
    - 5~10日拘留
    - 或1000~3000元罚款
  - 特殊情形：取得公安机关许可的经营者违规经营——情节严重→吊销许可证件
- [2] 行为类型
  - ①以非法组织名义活动
    - 违法性：违反国家规定
    - 行为特征
      - 未经注册登记
      - 以社会组织名义活动
      - 被取缔后仍活动
    - 组织类型
      - 社会团体
      - 基金会
      - 社会服务机构等
  - ②以被撤销组织的名义活动
    - 前提：原组织被撤销/吊销登记
    - 行为：仍以原组织名义活动
  - ③擅自经营需由公安机关许可的行业
    - 特殊处理措施
      - 予以取缔
      - 1年内再犯
        - 10~15日拘留
        - 并处3000~5000元罚款

第六十五条 有下列行为之一的，处十日以上十五日以下拘留，可以并处五千元以下罚款；情节较轻的，处五日以上十日以下拘留或者一千元以上三千元以下罚款：

（一）违反国家规定，未经注册登记，以社会团体、基金会、社会服务机构等社会组织名义进行活动，被取缔后，仍进行活动的；

（二）被依法撤销登记或者吊销登记证书的社会团体、基金会、社会服务机构等社会组织，仍以原社会组织名义进行活动的；

（三）未经许可，擅自经营按照国家规定需要由公安机关许可的行业的。

有前款第三项行为的，予以取缔。被取缔一年以内又实施的，处十日以上十五日以下拘留，并处三千元以上五千元以下罚款。

取得公安机关许可的经营者，违反国家有关管理规定，情节严重的，公安机关可以吊销许可证件。

〔**案例**〕王某在未取得公安机关颁发的《保安服务许可证》的情况下，擅自招聘保安人员，以“某保安公司”名义为多家企业提供安保服务。公安机关查处时，王某拒不配合调查。公安机关决定对王某处以行政拘留12日，并处5000元罚款，同时没收全部违法所得。（第3项）

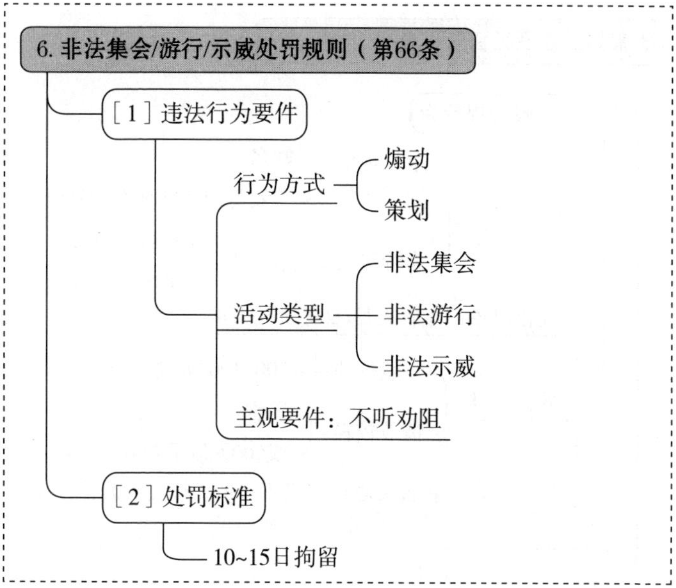
6. 非法集会/游行/示威处罚规则（第66条）
［1］违法行为要件
行为方式
煽动
策划
活动类型
非法集会
非法游行
非法示威
主观要件：不听劝阻
［2］处罚标准
10~15日拘留

第六十六条　煽动、策划非法集会、游行、示威，不听劝阻的，处十日以上十五日以下拘留。

〔**案例**〕陆某因不满某商场赔偿方案，在未向公安机关申请的情况下，策划组织多个商户在商场外道路进行游行示威，并提前制作横幅、分发传单。公安机关接到举报后，提前劝阻并告知需依法申请，陆某仍执意组织游行示威，导致部分路段交通堵塞。公安机关依法对陆某处以行政拘留10日。

7. 旅馆业违规经营处罚规则（第67条）

- [1] 一般违规行为
  - 行为表现
    - 不按规定登记信息
      - 姓名
      - 有效身份证件种类和号码
    - 为特殊人员提供住宿
      - 身份不明者
      - 拒绝登记身份者
  - 处罚对象：主管人员/直接责任人员
  - 处罚标准
    - 一般处罚——500~1000元罚款
    - 情节较轻
      - 警告
      - 或500元以下罚款
  - 特殊规定：妨害反恐怖主义工作的，按《反恐怖主义法》处罚
- [2] 严重违规行为
  - 行为类型
    - ①纵容携带危险物质入住
      - 明知将危险物质带入住宿区域
      - 不予制止
    - ②隐瞒犯罪嫌疑人
      - 明知是犯罪嫌疑人/被通缉人员
      - 不报告公安机关
    - ③纵容犯罪活动
      - 明知利用旅馆实施犯罪
      - 不报告公安机关
  - 处罚对象：主管人员/直接责任人员
  - 处罚标准
    - 一般处罚——1000~3000元罚款
    - 情节严重
      - 5日以下拘留
      - 可并处3000~5000元罚款

第六十七条　从事旅馆业经营活动不按规定登记住宿人员姓名、有效身份证件种类和号码等信息的，或者为身份不明、拒绝登记身份信息的人提供住宿服务的，对其直接负责的主管人员和其他直接责任人员处五百元以上一千元以下罚款；情节较轻的，处警告或者五百元以下罚款。

实施前款行为，妨害反恐怖主义工作进行，违反《中华人民共和国反恐怖主义法》规定的，依照其规定处罚。

从事旅馆业经营活动有下列行为之一的，对其直接负责的主管人员和其他直接责任人员处一千元以上三千元以下罚款；情节严重的，处五日以下拘留，可以并处三千元以上五千元以下罚款：

（一）明知住宿人员违反规定将危险物质带入住宿区域，不予制止的；

（二）明知住宿人员是犯罪嫌疑人员或者被公安机关通缉的人员，不向公安机关报告的；

（三）明知住宿人员利用旅馆实施犯罪活动，不向公安机关报告的。

〔**案例**〕某宾馆前台李某，在接待旅客张某入住时，未按规定登记其身份证件信息，收取押金后直接发放房卡。公安机关在例行检查中发现该问题，张某承认未主动出示证件，李某称“因客流高峰疏忽操作”。公安机关对李某及宾馆直接负责的主管人员魏某处以警告，并责令宾馆限期整改。

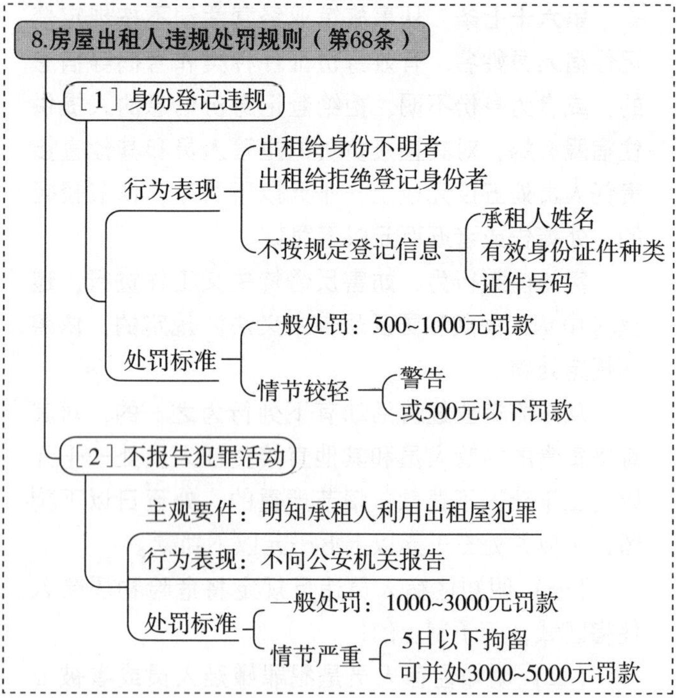
8.房屋出租人违规处罚规则（第68条）
［1］身份登记违规
行为表现
出租给身份不明者
出租给拒绝登记身份者
不按规定登记信息
承租人姓名
有效身份证件种类
证件号码
处罚标准
一般处罚：500~1000元罚款
情节较轻
警告
或500元以下罚款
［2］不报告犯罪活动
主观要件：明知承租人利用出租屋犯罪
行为表现：不向公安机关报告
处罚标准
一般处罚：1000~3000元罚款
情节严重
5日以下拘留
可并处3000~5000元罚款

第六十八条 房屋出租人将房屋出租给身份不明、拒绝登记身份信息的人的，或者不按规定登记承租人姓名、有效身份证件种类和号码等信息的，处五百元以上一千元以下罚款；情节较轻的，处警告或者五百元以下罚款。

房屋出租人明知承租人利用出租房屋实施犯罪活动，不向公安机关报告的，处一千元以上三千元以下罚款；情节严重的，处五日以下拘留，可以并处三千元以上五千元以下罚款。

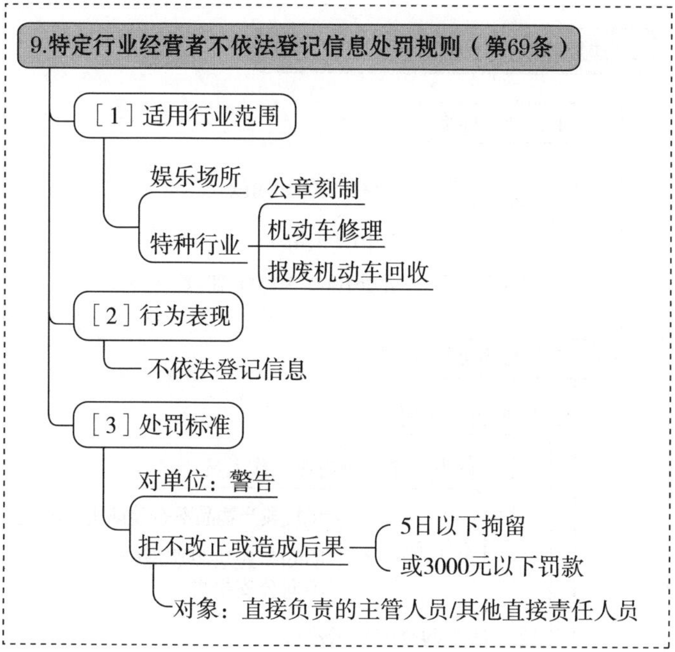
9.特定行业经营者不依法登记信息处罚规则（第69条）
［1］适用行业范围
娱乐场所
特种行业
公章刻制
机动车修理
报废机动车回收
［2］行为表现
不依法登记信息
［3］处罚标准
对单位：警告
拒不改正或造成后果
5日以下拘留
或3000元以下罚款
对象：直接负责的主管人员/其他直接责任人员

第六十九条　娱乐场所和公章刻制、机动车修理、报废机动车回收行业经营者违反法律法规关于要求登记信息的规定，不登记信息的，处警告；拒不改正或者造成后果的，对其直接负责的主管人员和其他直接责任人员处五日以下拘留或者三千元以下罚款。

10.违规收购行为处罚规则（第71条）

- ［1］处罚标准
  - 一般处罚——1000~3000元罚款
  - 情节严重
    - 5~10日拘留
    - 并处1000~3000元罚款
- ［2］行为类型
  - ①典当业违规
    - 行为主体：典当业工作人员
    - 不作为情形
      - 承接典当物品不查验证明/不登记
      - 明知是违法犯罪嫌疑人/赃物，不向公安报告
  - ②非法收购废旧专用器材
    - 违法性：违反国家规定
    - 专用器材类型：铁路/油田/供电/电信/矿山/水利/测量/城市公用设施
  - ③收购赃物
    - 物品属性
      - 公安机关通报寻查的赃物
      - 有赃物嫌疑的物品
  - ④收购国家禁止收购的其他物品

第七十一条 有下列行为之一的，处一千元以上三千元以下罚款；情节严重的，处五日以上十日以下拘留，并处一千元以上三千元以下罚款：

（一）典当业工作人员承接典当的物品，不查验有关证明、不履行登记手续的，或者违反国家规定对明知是违法犯罪嫌疑人、赃物而不向公安机关报告的；

（二）违反国家规定，收购铁路、油田、供电、电信、矿山、水利、测量和城市公用设施等废旧专用器材的；

（三）收购公安机关通报寻查的赃物或者有赃物嫌疑的物品的；

（四）收购国家禁止收购的其他物品的。

〔**案例** 1〕某典当行员工丁某，在承接顾客张某典当的黄金戒指时，未查验购买发票等证明文件，也未登记身份信息。后经警方查明该戒指系张某盗窃所得，依法对丁某处以 1000 元罚款。(第 1 项)

〔**案例** 2〕某废品收购站老板郝某，收购来源不明的废旧铁路钢轨一根，被公安机关在例行检查时查获，郝某对违法事实供认不讳，被处 1000 元罚款。(第 2 项)

〔**案例** 3〕某物资回收站负责人陈某，明知雷管属于国家禁止收购的物品，仍从非法渠道收购工业用雷管 20 枚，准备转卖牟利。公安机关依法对陈某处以行政拘留 5 日，并处 2000 元罚款。(第 4 项)

11.妨害执法秩序处罚规则（第72条）

- [1] 处罚标准
  - 一般处罚
    - 5~10日拘留
    - 可并处1000元以下罚款
  - 情节较轻
    - 警告
    - 或1000元以下罚款
- [2] 行为类型
  - ①处置查封扣押物
    - 行为方式：隐藏/转移/变卖/擅自使用/损毁
    - 财物性质：扣押/查封/冻结/扣留/先行登记保存的财物
  - ②妨害取证办案
    - 行为表现：伪造、隐匿、毁灭证据/提供虚假证言/谎报案情
    - 危害后果：影响行政机关办案
  - ③违法处置赃物
    - 主观要件：明知是赃物
    - 行为方式：窝藏/转移/代为销售
  - ④违反监管规定
    - 适用对象
      - 被管制人员
      - 被剥夺政治权利者
      - 缓刑犯
      - 暂予监外执行者
      - 被采取刑事强制措施者
    - 违法性：违反法律/行政法规/国务院部门的监管规定

第七十二条　有下列行为之一的，处五日以上十日以下拘留，可以并处一千元以下罚款；情节较轻的，处警告或者一千元以下罚款：

（一）隐藏、转移、变卖、擅自使用或者损毁行政执法机关依法扣押、查封、冻结、扣留、先行登记保存的财物的；

（二）伪造、隐匿、毁灭证据或者提供虚假证言、谎报案情，影响行政执法机关依法办案的；

（三）明知是赃物而窝藏、转移或者代为销售的；

（四）被依法执行管制、剥夺政治权利或者在缓刑、暂予监外执行中的罪犯或者被依法采取刑事强制措施的人，有违反法律、行政法规或者国务院有关部门的监督管理规定的行为的。

〔**案例** 1〕市场监管局查处张某销售假冒商品时，扣押一批假冒品牌服装，张某转移 10 件藏匿，被公安机关警告并责令追回。(第 1 项)

〔**案例** 2〕税务局调查李某公司偷税行为时，李某为掩盖虚开发票事实，指使员工伪造购销合同，导致税务稽查延误，被处以 8 日拘留。(第 2 项)

〔**案例** 3〕李某在缓刑考验期内未经批准擅自离开居住地，经社区矫正机构多次警告无效。公安机关依法对其处以 5 日拘留，社区矫正机构向法院提出撤销缓刑建议。(第 4 项)

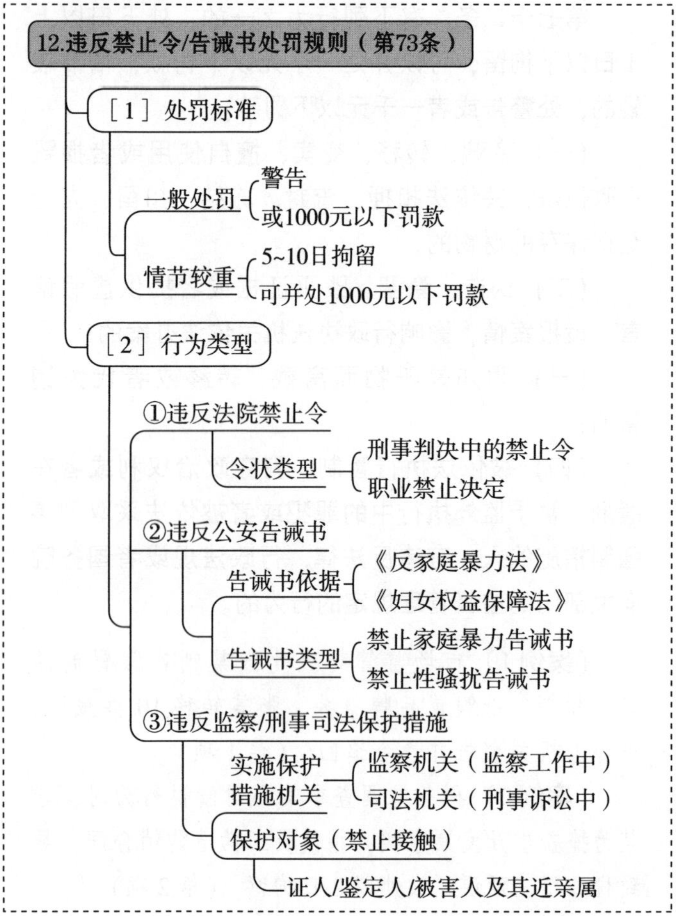
12.违反禁止令/告诫书处罚规则（第73条）
［1］处罚标准
一般处罚
警告
或1000元以下罚款
情节较重
5~10日拘留
可并处1000元以下罚款
［2］行为类型
①违反法院禁止令
令状类型
刑事判决中的禁止令
职业禁止决定
②违反公安告诫书
告诫书依据
《反家庭暴力法》
《妇女权益保障法》
告诫书类型
禁止家庭暴力告诫书
禁止性骚扰告诫书
③违反监察/刑事司法保护措施
实施保护措施机关
监察机关（监察工作中）
司法机关（刑事诉讼中）
保护对象（禁止接触）
证人/鉴定人/被害人及其近亲属

第七十三条　有下列行为之一的，处警告或者一千元以下罚款；情节较重的，处五日以上十日以下拘留，可以并处一千元以下罚款：

（一）违反人民法院刑事判决中的禁止令或者职业禁止决定的；

（二）拒不执行公安机关依照《中华人民共和国反家庭暴力法》、《中华人民共和国妇女权益保障法》出具的禁止家庭暴力告诫书、禁止性骚扰告诫书的；

（三）违反监察机关在监察工作中、司法机关在刑事诉讼中依法采取的禁止接触证人、鉴定人、被害人及其近亲属保护措施的。

〔**案例** 1〕李某因故意伤害罪被判处有期徒刑一年，缓刑二年，并禁止其接触被害人张某。缓刑考验期内，李某多次电话骚扰张某，并在张某居住小区附近蹲守，张某报警，公安机关依法对其处以拘留 7 日处罚。(第 1 项)

〔**案例** 2〕王某因殴打妻子被公安机关出具《禁止家庭暴力告诫书》，后因琐事又对妻子打骂，社区工作人员发现后立即报警，公安机关对其处作出拘留 5 日处罚。(第 2 款)

〔**案例** 3〕证人金某因指认被告人张某犯罪事实，被法院纳入司法保护范围。张某为阻止金某出庭作证，通过其弟弟对金某威胁利诱，公安机关侦查后，对张某拘留 7 日，并处罚款 500 元。(第 3 款)

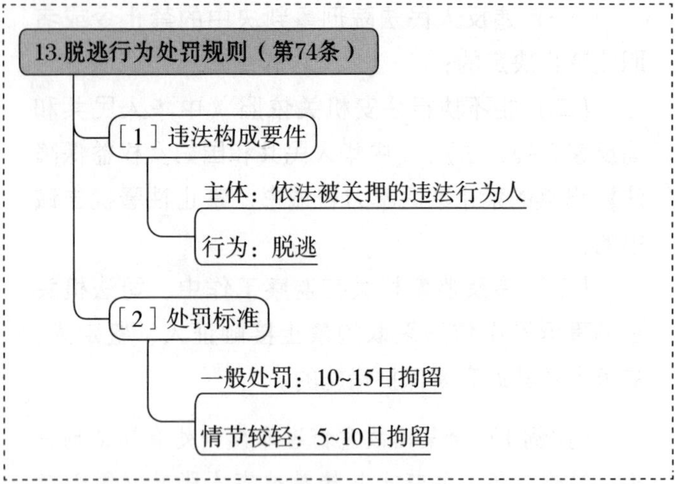
13.脱逃行为处罚规则（第74条）
［1］违法构成要件
主体：依法被关押的违法行为人
行为：脱逃
［2］处罚标准
一般处罚：10~15日拘留
情节较轻：5~10日拘留

第七十四条　依法被关押的违法行为人脱逃的，处十日以上十五日以下拘留；情节较轻的，处五日以上十日以下拘留。

〔案例〕违法行为人赵某在行政拘留执行期间，如厕时趁机跳窗脱逃，隐匿行踪逃避执行，后被抓获。公安机关依法对其处10日拘留。

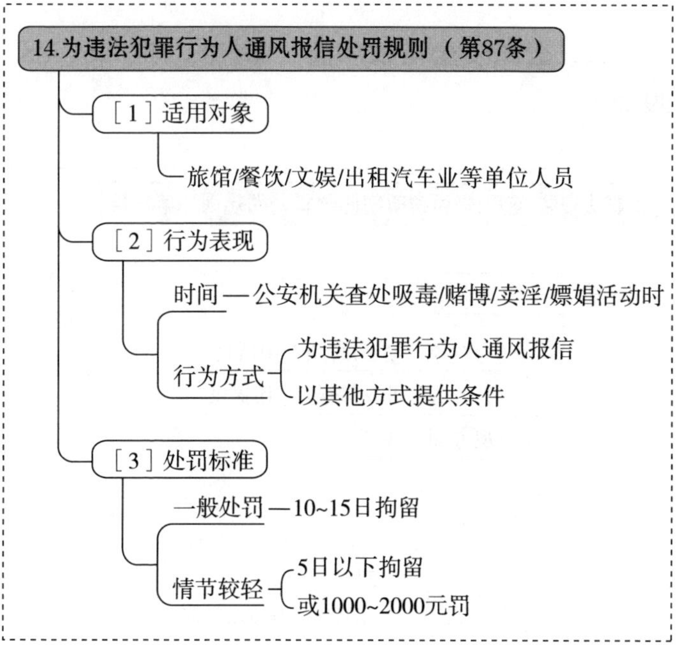
14.为违法犯罪行为人通风报信处罚规则（第87条）
［1］适用对象
旅馆/餐饮/文娱/出租汽车业等单位人员
［2］行为表现
时间—公安机关查处吸毒/赌博/卖淫/嫖娼活动时
行为方式
为违法犯罪行为人通风报信
以其他方式提供条件
［3］处罚标准
一般处罚—10~15日拘留
情节较轻
5日以下拘留
或1000~2000元罚

第八十七条 旅馆业、饮食服务业、文化娱乐业、出租汽车业等单位的人员，在公安机关查处吸毒、赌博、卖淫、嫖娼活动时，为违法犯罪行为人通风报信的，或者以其他方式为上述活动提供条件的，处十日以上十五日以下拘留；情节较轻的，处五日以下拘留或者一千元以上二千元以下罚款。

〔**案例**〕某酒店前台张某明知警方查案，故意报错房间号并通过微信通风报信。警方查实后，依法对张某处 8 日拘留。

二、公共安全与秩序类（第70、75、76、88、89条）

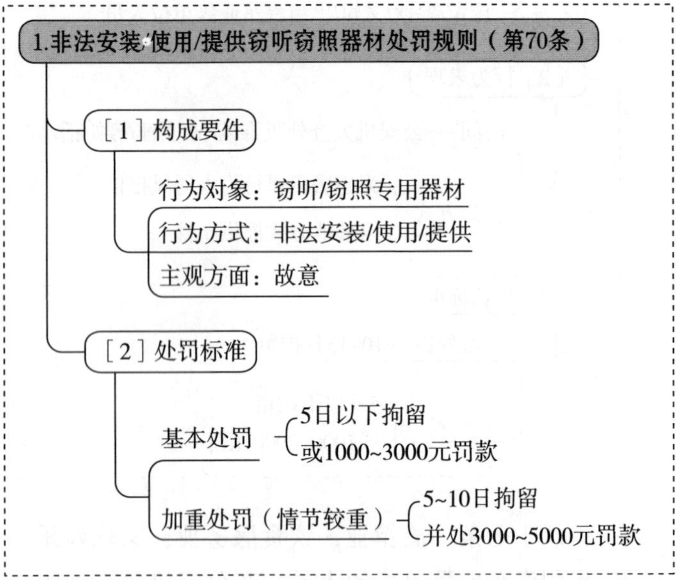
1.非法安装/使用/提供窃听窃照器材处罚规则（第70条）
[1]构成要件
行为对象：窃听/窃照专用器材
行为方式：非法安装/使用/提供
主观方面：故意
[2]处罚标准
基本处罚
5日以下拘留
或1000~3000元罚款
加重处罚（情节较重）
5~10日拘留
并处3000~5000元罚款

第七十条 非法安装、使用、提供窃听、窃照专用器材的，处五日以下拘留或者一千元以上三千元以下罚款；情节较重的，处五日以上十日以下拘留，并处三千元以上五千元以下罚款。

〔**案例**〕郑某为窃听会议内容购买窃听器安装在公司会议室，同事发现后报警，郑某被处5日拘留。

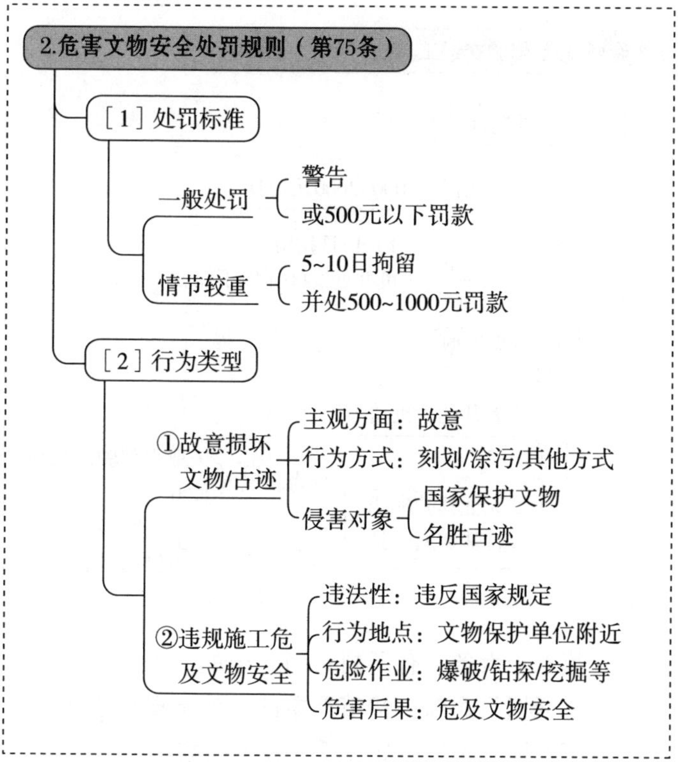
2.危害文物安全处罚规则（第75条）
［1］处罚标准
一般处罚
警告
或500元以下罚款
情节较重
5~10日拘留
并处500~1000元罚款
［2］行为类型
①故意损坏文物/古迹
主观方面：故意
行为方式：刻划/涂污/其他方式
侵害对象
国家保护文物
名胜古迹
②违规施工危及文物安全
违法性：违反国家规定
行为地点：文物保护单位附近
危险作业：爆破/钻探/挖掘等
危害后果：危及文物安全

第七十五条　有下列行为之一的，处警告或者五百元以下罚款；情节较重的，处五日以上十日以下拘留，并处五百元以上一千元以下罚款：

（一）刻划、涂污或者以其他方式故意损坏国家保护的文物、名胜古迹的；

（二）违反国家规定，在文物保护单位附近进行爆破、钻探、挖掘等活动，危及文物安全的。

3.偷开/无证驾驶交通工具处罚规则（第76条）

- [1] 处罚标准
  - 一般处罚：1000~2000元罚款
  - 情节严重
    - 10~15日拘留
    - 可并处2000元以下罚款
- [2] 行为类型
  - ①偷开他人机动车
  - ②无证驾驶/偷开特殊交通工具
    - 行为表现
      - 未取得驾驶证驾驶
      - 偷开
    - 交通工具类型
      - 航空器
      - 机动船舶

第七十六条 有下列行为之一的，处一千元以上二千元以下罚款；情节严重的，处十日以上十五日以下拘留，可以并处二千元以下罚款：

（一）偷开他人机动车的；

（二）未取得驾驶证驾驶或者偷开他人航空器、机动船舶的。

〔**案例**〕范某发现路边轿车车门未锁、车钥匙在车上，便偷开该车兜风，事后将车开回，由于驾驶不当致车身多处划痕。车主报警后，公安机关对其处10日拘留，并处500元罚款。（第1项）

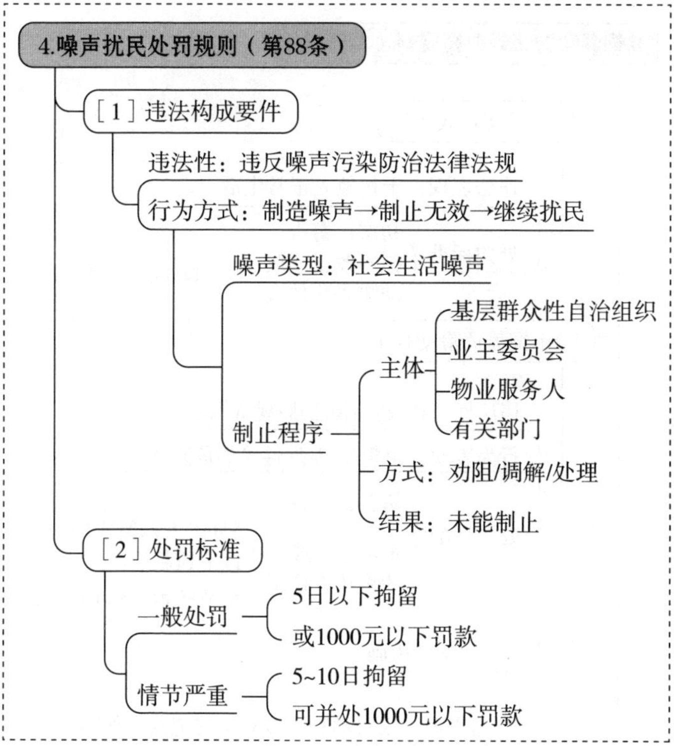
4.噪声扰民处罚规则（第88条）
［1］违法构成要件
违法性：违反噪声污染防治法律法规
行为方式：制造噪声→制止无效→继续扰民
噪声类型：社会生活噪声
制止程序
主体
基层群众性自治组织
业主委员会
物业服务人
有关部门
方式：劝阻/调解/处理
结果：未能制止
［2］处罚标准
一般处罚
5日以下拘留
或1000元以下罚款
情节严重
5~10日拘留
可并处1000元以下罚款

第八十八条　违反关于社会生活噪声污染防治的法律法规规定，产生社会生活噪声，经基层群众性自治组织、业主委员会、物业服务人、有关部门依法劝阻、调解和处理未能制止，继续干扰他人正常生活、工作和学习的，处五日以下拘留或者一千元以下罚款；情节严重的，处五日以上十日以下拘留，可以并处一千元以下罚款。

5.饲养动物违规处罚规则（第89条）

- ［1］干扰他人生活
  - 违法表现：干扰他人正常生活
  - 处罚标准
    - 初次：警告
    - 拒不改正或放任动物恐吓他人—1000元以下罚款
- ［2］饲养危险动物
  - 违法性：违反法律/法规/规章规定
  - 行为表现：出售/饲养烈性犬等危险动物
  - 处罚标准
    - 初次：警告
    - 拒不改正或动物致人伤害
      - 5日以下拘留或1000元以下罚款
      - 情节较重：5~10日拘留
- ［3］未采取安全措施
  - 行为表现：未对动物采取安全措施致人伤害
  - 处罚标准
    - 1000元以下罚款
    - 情节较重：5~10日拘留
- ［4］驱使动物伤人—依照第51条处罚(故意伤害他人)

第八十九条 饲养动物，干扰他人正常生活的，处警告；警告后不改正的，或者放任动物恐吓他人的，处一千元以下罚款。

违反有关法律、法规、规章规定，出售、饲养烈性犬等危险动物的，处警告；警告后不改正的，或者致使动物伤害他人的，处五日以下拘留或者一千元以下罚款；情节较重的，处五日以上十日以下拘留。

未对动物采取安全措施，致使动物伤害他人的，处一千元以下罚款；情节较重的，处五日以上十日以下拘留。

驱使动物伤害他人的，依照本法第五十一条的规定处罚。

〔**案例** 1〕某小区居民张某饲养的大型犬夜间持续吠叫，经物业多次制止后仍未采取有效措施，严重影响邻居休息。公安机关对张某处以警告处罚。(第 1 款)

〔**案例** 2〕李某在市区违规饲养藏獒，经公安机关警告后仍不整改，后该犬咬伤路人，公安机关对李某处以 7 日拘留。(第 2 款)

〔**案例** 3〕王某遛狗时未拴绳，导致其金毛犬扑倒老人（轻微擦伤）。公安机关对王某罚款 1000 元，并责令其承担全部医疗费用。(第 3 款)

三、妨害社会风尚类（第 77~82 条）

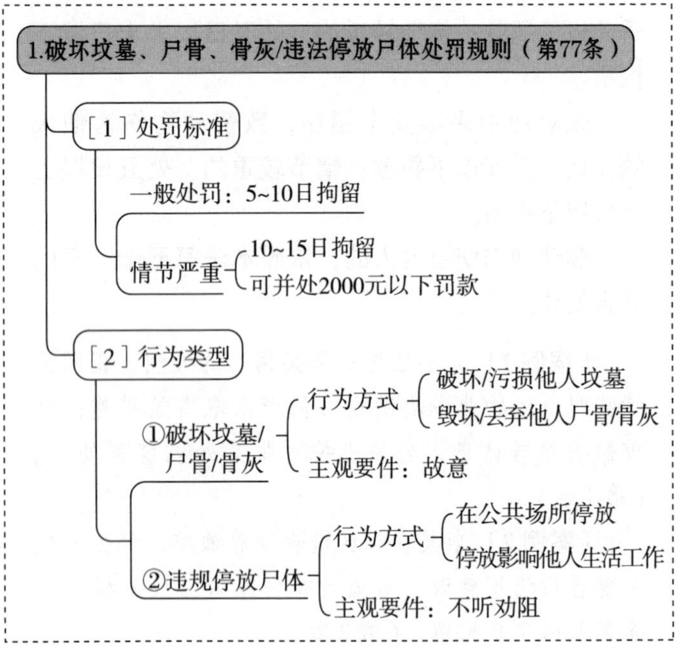
1.破坏坟墓、尸骨、骨灰/违法停放尸体处罚规则（第77条）
［1］处罚标准
一般处罚：5~10日拘留
情节严重
10~15日拘留
可并处2000元以下罚款
［2］行为类型
①破坏坟墓/尸骨/骨灰
行为方式
破坏/污损他人坟墓
毁坏/丢弃他人尸骨/骨灰
主观要件：故意
②违规停放尸体
行为方式
在公共场所停放
停放影响他人生活工作
主观要件：不听劝阻

第七十七条 有下列行为之一的，处五日以上十日以下拘留；情节严重的，处十日以上十五日以下拘留，可以并处二千元以下罚款：

（一）故意破坏、污损他人坟墓或者毁坏、丢弃他人尸骨、骨灰的；

（二）在公共场所停放尸体或者因停放尸体影响他人正常生活、工作秩序，不听劝阻的。

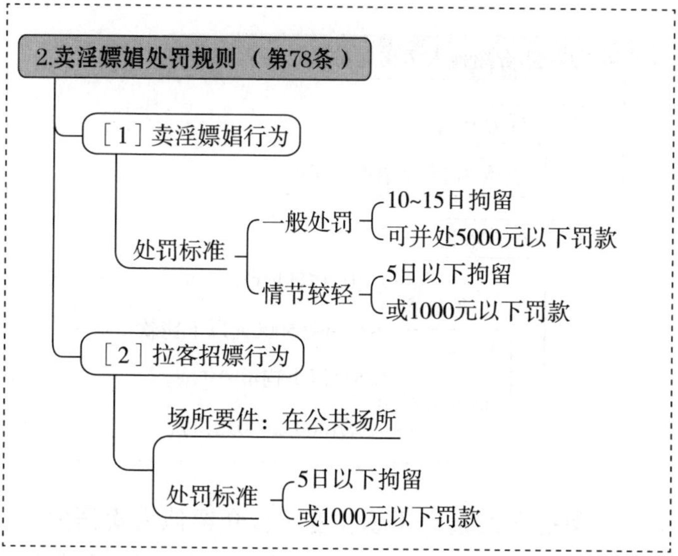
2.卖淫嫖娼处罚规则（第78条）
［1］卖淫嫖娼行为
处罚标准
一般处罚
10~15日拘留
可并处5000元以下罚款
情节较轻
5日以下拘留
或1000元以下罚款
［2］拉客招嫖行为
场所要件：在公共场所
处罚标准
5日以下拘留
或1000元以下罚款

第七十八条 卖淫、嫖娼的，处十日以上十五日以下拘留，可以并处五千元以下罚款；情节较轻的，处五日以下拘留或者一千元以下罚款。

在公共场所拉客招嫖的，处五日以下拘留或者一千元以下罚款。

〔案例〕 民警夜间巡逻时，发现刘某在街边多次搭讪过往男性并商谈嫖资，其行为已构成拉客招嫖，公安机关依法对其作出罚款500元的处罚决定。（第2款）

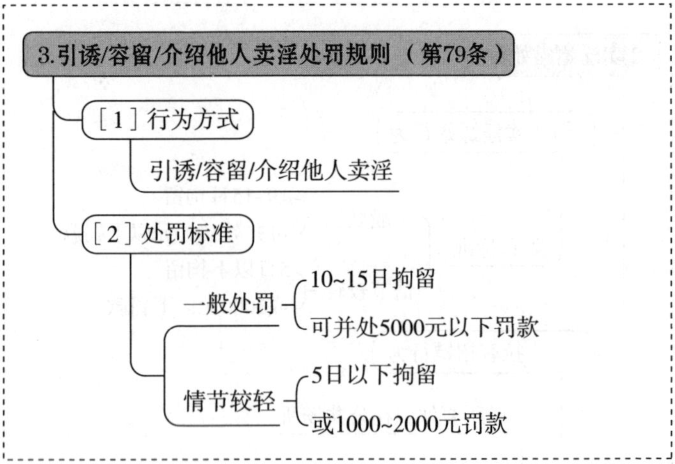
3.引诱/容留/介绍他人卖淫处罚规则（第79条）
[1] 行为方式
引诱/容留/介绍他人卖淫
[2] 处罚标准
一般处罚
10~15日拘留
可并处5000元以下罚款
情节较轻
5日以下拘留
或1000~2000元罚款

第七十九条 引诱、容留、介绍他人卖淫的，处十日以上十五日以下拘留，可以并处五千元以下罚款；情节较轻的，处五日以下拘留或者一千元以上二千元以下罚款。

〔**案例 1**〕某足浴店老板孙某容留一名女性在店内从事卖淫活动，并从中抽成牟利。公安机关查明孙某容留卖淫一次，依法对其处以 10 日拘留，并处 3000 元罚款。

〔**案例 2**〕李某通过社交软件为他人介绍卖淫服务，尚未成功即被查获。鉴于其初次违法且情节较轻，公安机关对其处以 1000 元罚款。

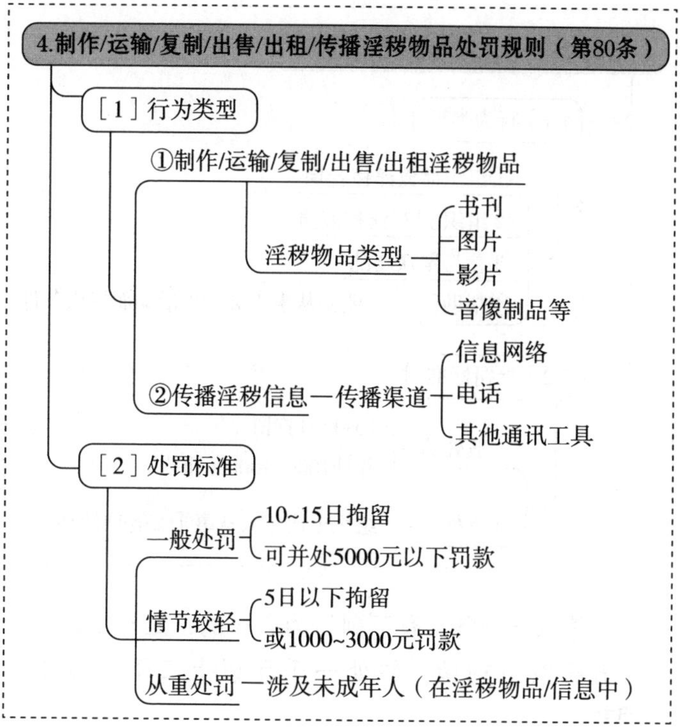
4.制作/运输/复制/出售/出租/传播淫秽物品处罚规则（第80条）
［1］行为类型
①制作/运输/复制/出售/出租淫秽物品
淫秽物品类型
书刊
图片
影片
音像制品等
②传播淫秽信息
传播渠道
信息网络
电话
其他通讯工具
［2］处罚标准
一般处罚
10~15日拘留
可并处5000元以下罚款
情节较轻
5日以下拘留
或1000~3000元罚款
从重处罚
涉及未成年人（在淫秽物品/信息中）

第八十条　制作、运输、复制、出售、出租淫秽的书刊、图片、影片、音像制品等淫秽物品或者利用信息网络、电话以及其他通讯工具传播淫秽信息的，处十日以上十五日以下拘留，可以并处五千元以下罚款；情节较轻的，处五日以下拘留或者一千元以上三千元以下罚款。

前款规定的淫秽物品或者淫秽信息中涉及未成年人的，从重处罚。

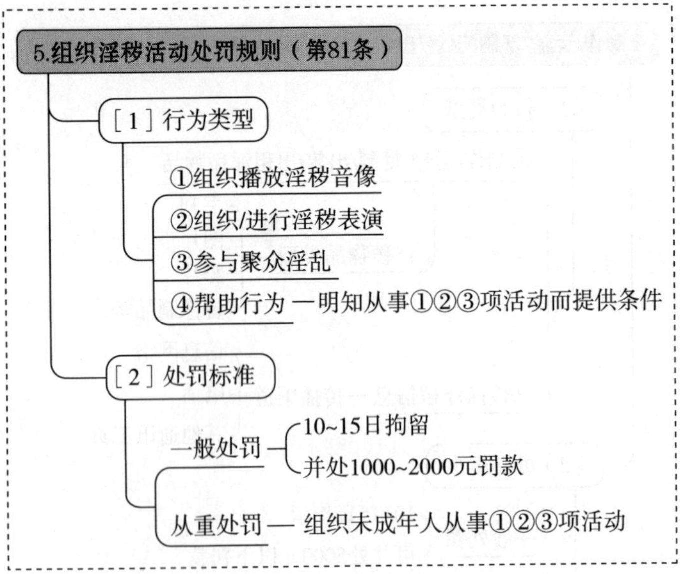
5.组织淫秽活动处罚规则（第81条）
［1］行为类型
①组织播放淫秽音像
②组织/进行淫秽表演
③参与聚众淫乱
④帮助行为 一明知从事①②③项活动而提供条件
［2］处罚标准
一般处罚
10~15日拘留
并处1000~2000元罚款
从重处罚— 组织未成年人从事①②③项活动

第八十一条 有下列行为之一的，处十日以上十五日以下拘留，并处一千元以上二千元以下罚款：

（一）组织播放淫秽音像的；

（二）组织或者进行淫秽表演的；

（三）参与聚众淫乱活动的。

明知他人从事前款活动，为其提供条件的，依照前款的规定处罚。

组织未成年人从事第一款活动的，从重处罚。

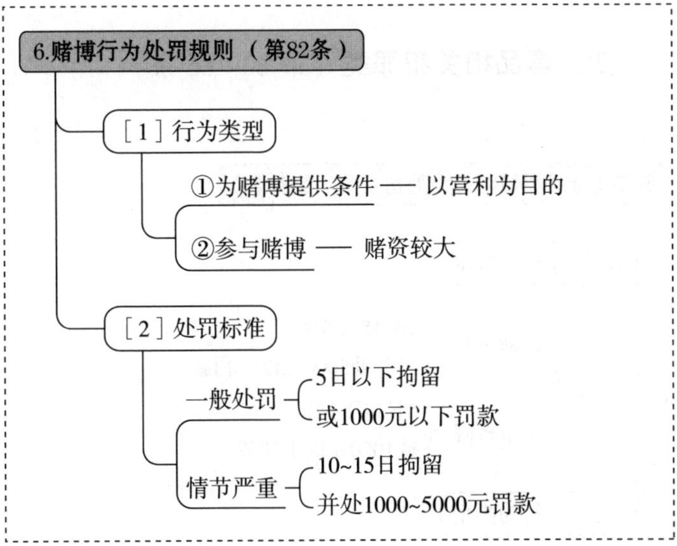
6.赌博行为处罚规则（第82条）
［1］行为类型
①为赌博提供条件 —— 以营利为目的
②参与赌博 —— 赌资较大
［2］处罚标准
一般处罚
5日以下拘留
或1000元以下罚款
情节严重
10~15日拘留
并处1000~5000元罚款

第八十二条　以营利为目的，为赌博提供条件的，或者参与赌博赌资较大的，处五日以下拘留或者一千元以下罚款；情节严重的，处十日以上十五日以下拘留，并处一千元以上五千元以下罚款。

〔**案例**〕棋牌室经营者王某为招揽生意，在店内提供场地供他人赌博，按每桌每小时收取场地费。公安机关查获时，现场有多人参与赌博，赌资达 8000 元。王某构成以营利为目的为赌博提供条件，被处以行政拘留 10 日，并处 3000 元罚款。

四、毒品相关犯罪类（第 83~86 条）

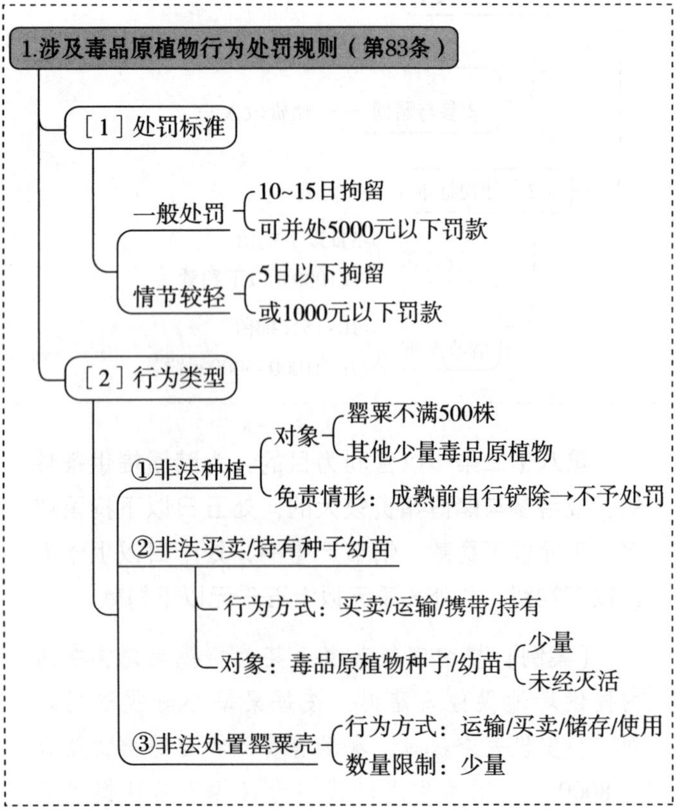

1.涉及毒品原植物行为处罚规则（第83条）
［1］处罚标准
一般处罚
10~15日拘留
可并处5000元以下罚款
情节较轻
5日以下拘留
或1000元以下罚款
［2］行为类型
①非法种植
对象
罂粟不满500株
其他少量毒品原植物
免责情形：成熟前自行铲除→不予处罚
②非法买卖/持有种子幼苗
行为方式：买卖/运输/携带/持有
对象：毒品原植物种子/幼苗
少量
未经灭活
③非法处置罂粟壳
行为方式：运输/买卖/储存/使用
数量限制：少量

第八十三条　有下列行为之一的，处十日以上十五日以下拘留，可以并处五千元以下罚款；情节较轻的，处五日以下拘留或者一千元以下罚款：

（一）非法种植罂粟不满五百株或者其他少量毒品原植物的；

（二）非法买卖、运输、携带、持有少量未经灭活的罂粟等毒品原植物种子或者幼苗的；

（三）非法运输、买卖、储存、使用少量罂粟壳的。

有前款第一项行为，在成熟前自行铲除的，不予处罚。

〔**案例**1〕村民钟某听信偏方，在自家后院隐蔽处非法种植罂粟100余株用于治疗腰痛，经群众举报后被民警当场查获。钟某认错认罚，公安机关决定对其罚款1000元，并对罂粟予以铲除。（第1款第1项）

〔**案例**2〕张某通过网购平台购买50株未经灭活的罂粟幼苗，打算种植观赏，快递送达时被警方查获。因数量较少且未造成实际危害，公安机关对张某罚款500元。（第1款第2项）

〔**案例**3〕某连锁火锅店老板王某为提升口感招揽顾客，在汤底中违法添加微量罂粟壳。公安机关经突击检查查获未使用罂粟壳1.5公斤，对王某处5日拘留，并处500元罚款。（第1款第3项）

2.非法持有/提供/吸食毒品处罚规则（第84条）

- ［1］行为类型
  - ①非法持有毒品——毒品类型及数量
    - 鸦片<200克
    - 海洛因<10克
    - 甲基苯丙胺<10克
    - 其他少量毒品
  - ②向他人提供毒品
  - ③吸食/注射毒品
  - ④非法获取管制药品
    - 行为方式：胁迫/欺骗医务人员
    - 获取对象：麻醉药品/精神药品
- ［2］处罚标准
  - 一般处罚
    - 10~15日拘留
    - 可并处3000元以下罚款
  - 情节较轻
    - 5日以下拘留
    - 或1000元以下罚款
  - 从重处罚
    - 行为方式：聚众/组织吸毒
    - 处罚对象：首要分子/组织者
- ［3］附加限制措施（可附加）
  - 适用对象：吸毒人员
  - 限制内容：6个月至1年内
    - 不得进入娱乐场所
    - 不得接触涉毒人员
  - 违反后果
    - 5日以下拘留
    - 或1000元以下罚款

第八十四条　有下列行为之一的，处十日以上十五日以下拘留，可以并处三千元以下罚款；情节较轻的，处五日以下拘留或者一千元以下罚款：

（一）非法持有鸦片不满二百克、海洛因或者甲基苯丙胺不满十克或者其他少量毒品的；

（二）向他人提供毒品的；

（三）吸食、注射毒品的；

（四）胁迫、欺骗医务人员开具麻醉药品、精神药品的。

聚众、组织吸食、注射毒品的，对首要分子、组织者依照前款的规定从重处罚。

吸食、注射毒品的，可以同时责令其六个月至一年以内不得进入娱乐场所、不得擅自接触涉及毒品违法犯罪人员。违反规定的，处五日以下拘留或者一千元以下罚款。

〔**案例 1**〕公安机关在某出租屋抓获吸毒人员赵某，现场查获其非法持有海洛因 5 克。经检测，赵某尿液呈阳性。公安机关决定对赵某处 12 日拘留。（第 1 款第 1 项、第 3 项）

〔**案例 2**〕韩某在其出租屋内与另外 2 人聚众吸食毒品。警方调查后认定韩某系首要分子，依法对其处 15 日拘留，并处 3000 元罚款；对其他吸毒人员处 5 日拘留，并禁止与韩某接触。（第 1 款第 3 项、第 2~3 款）

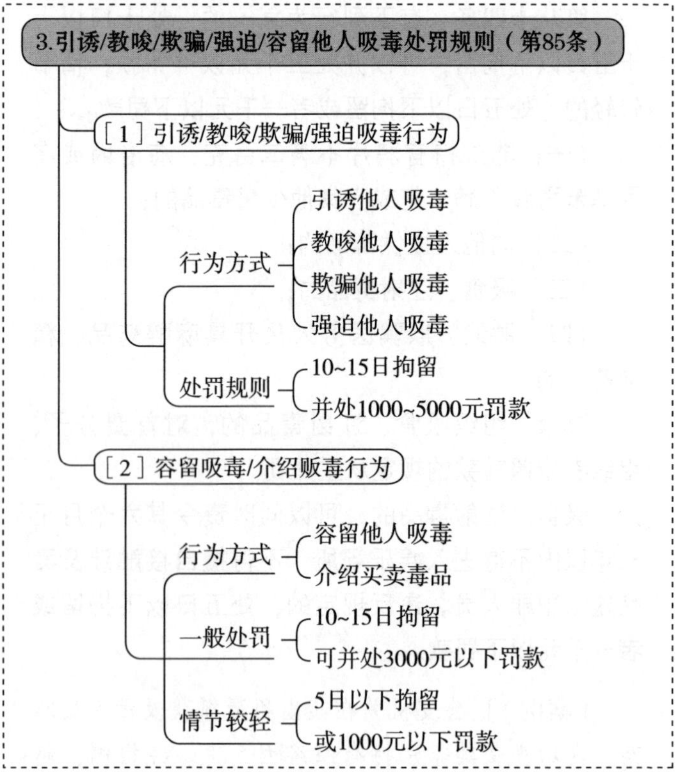
3.引诱/教唆/欺骗/强迫/容留他人吸毒处罚规则（第85条）
[1] 引诱/教唆/欺骗/强迫吸毒行为
行为方式
引诱他人吸毒
教唆他人吸毒
欺骗他人吸毒
强迫他人吸毒
处罚规则
10~15日拘留
并处1000~5000元罚款
[2] 容留吸毒/介绍贩毒行为
行为方式
容留他人吸毒
介绍买卖毒品
一般处罚
10~15日拘留
可并处3000元以下罚款
情节较轻
5日以下拘留
或1000元以下罚款

第八十五条　引诱、教唆、欺骗或者强迫他人吸食、注射毒品的，处十日以上十五日以下拘留，并处一千元以上五千元以下罚款。

容留他人吸食、注射毒品或者介绍买卖毒品的，处十日以上十五日以下拘留，可以并处三千元以下罚款；情节较轻的，处五日以下拘留或者一千元以下罚款。

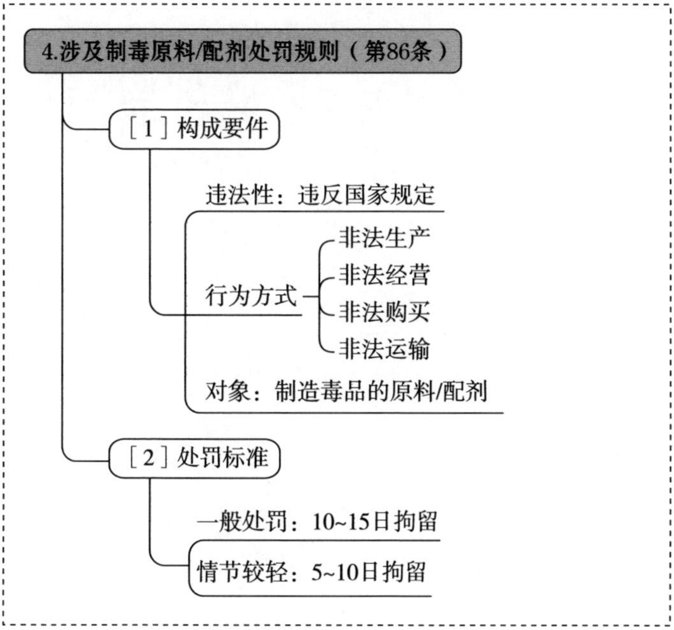
4.涉及制毒原料/配剂处罚规则（第86条）
［1］构成要件
违法性：违反国家规定
行为方式
非法生产
非法经营
非法购买
非法运输
对象：制造毒品的原料/配剂
［2］处罚标准
一般处罚：10~15日拘留
情节较轻：5~10日拘留

第八十六条　违反国家规定，非法生产、经营、购买、运输用于制造毒品的原料、配剂的，处十日以上十五日以下拘留；情节较轻的，处五日以上十日以下拘留。

〔**案例**〕孙某受他人指使，非法运输少量用于制造毒品的原料，企图转移至隐蔽地点，运输途中被警方截获。鉴于孙某运输数量较少，且未造成严重后果，公安机关对其处以拘留7日的处罚。

第四章　处罚程序

第一节 调 查

一、立案（第 90 条）

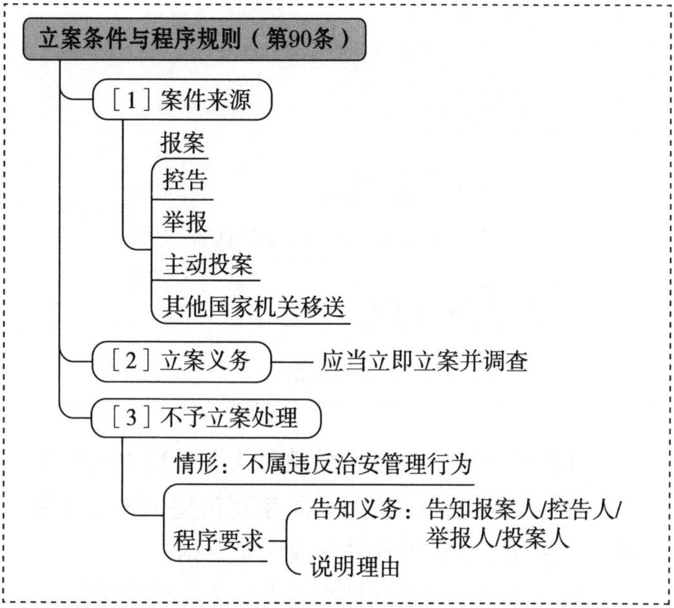
立案条件与程序规则（第90条）
［1］案件来源
报案
控告
举报
主动投案
其他国家机关移送
［2］立案义务
应当立即立案并调查
［3］不予立案处理
情形：不属违反治安管理行为
程序要求
告知义务：告知报案人/控告人/举报人/投案人
说明理由

第九十条 公安机关对报案、控告、举报或者违反治安管理行为人主动投案，以及其他国家机关移送的违反治安管理案件，应当立即立案并进行调查；认为不属于违反治安管理行为的，应当告知报案人、控告人、举报人、投案人，并说明理由。

二、证据规则（第91~93条）

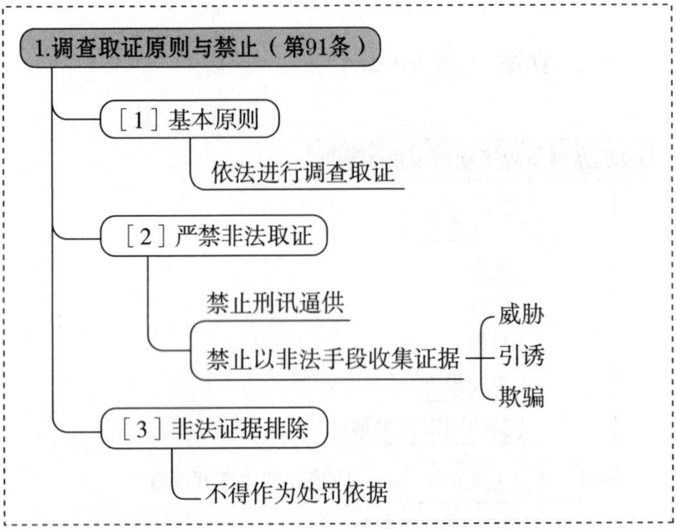
1.调查取证原则与禁止（第91条）
［1］基本原则
依法进行调查取证
［2］严禁非法取证
禁止刑讯逼供
禁止以非法手段收集证据
威胁
引诱
欺骗
［3］非法证据排除
不得作为处罚依据

第九十一条 公安机关及其人民警察对治安案件的调查，应当依法进行。严禁刑讯逼供或者采用威胁、引诱、欺骗等非法手段收集证据。

以非法手段收集的证据不得作为处罚的根据。

〔**案例**〕某地公安机关在调查一起盗窃案时，民警未依法出示证件，强行闯入居民家中搜查，后以威胁方式获取嫌疑人供述。经上级部门审查，认定该证据收集程序违法，撤销了对嫌疑人的治安管理处罚决定。

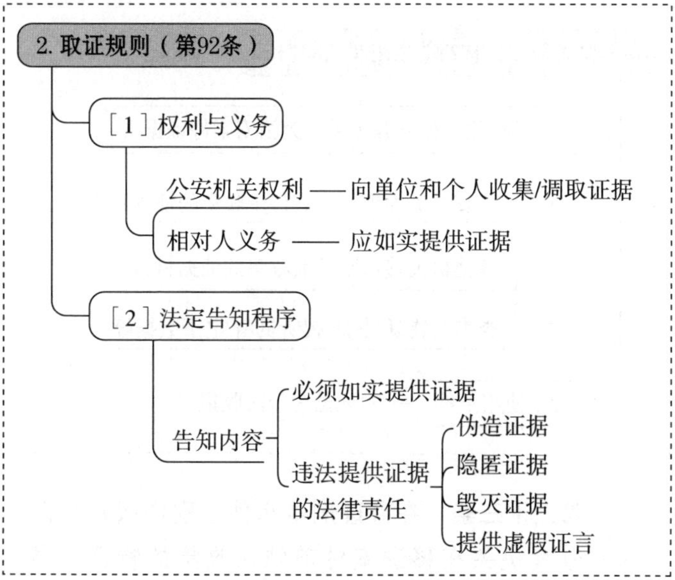
2. 取证规则（第92条）
［1］权利与义务
公安机关权利——向单位和个人收集/调取证据
相对人义务——应如实提供证据
［2］法定告知程序
告知内容
必须如实提供证据
违法提供证据的法律责任
伪造证据
隐匿证据
毁灭证据
提供虚假证言

第九十二条　公安机关办理治安案件，有权向有关单位和个人收集、调取证据。有关单位和个人应当如实提供证据。

公安机关向有关单位和个人收集、调取证据时，应当告知其必须如实提供证据，以及伪造、隐匿、毁灭证据或者提供虚假证言应当承担的法律责任。

〔案例〕某小区发生斗殴案，民警调取便利店监控时，店主王某起初隐瞒关键视频。经民警告知提供证据的义务及隐匿证据的后果后，王某主动提供完整录像，协助锁定嫌疑人。

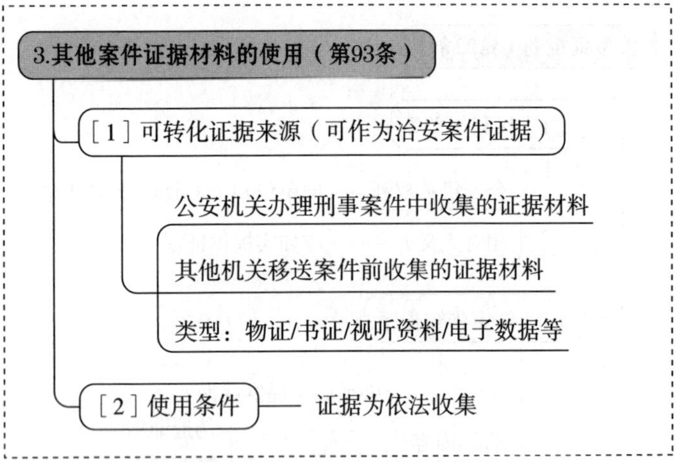
3.其他案件证据材料的使用（第93条）
［1］可转化证据来源（可作为治安案件证据）
公安机关办理刑事案件中收集的证据材料
其他机关移送案件前收集的证据材料
类型：物证/书证/视听资料/电子数据等
［2］使用条件
证据为依法收集

第九十三条 在办理刑事案件过程中以及其他执法办案机关在移送案件前依法收集的物证、书证、视听资料、电子数据等证据材料，可以作为治安案件的证据使用。

〔**案例** 1〕黄某故意损毁财物，初以刑事案件立案侦查，后转为行政案件。公安机关将刑事案件办理中收集的现场勘验笔录、证人证言等证据用于治安处罚，认定黄某违法事实清楚，依法对其作出拘留 5 日处罚。

〔**案例** 2〕市场监督管理局查处无证经营时发现涉赌线索，将扣押的赌博机和账本移送公安机关，公安机关将其用于赌博案的查处。

三、保密制度（第94条）

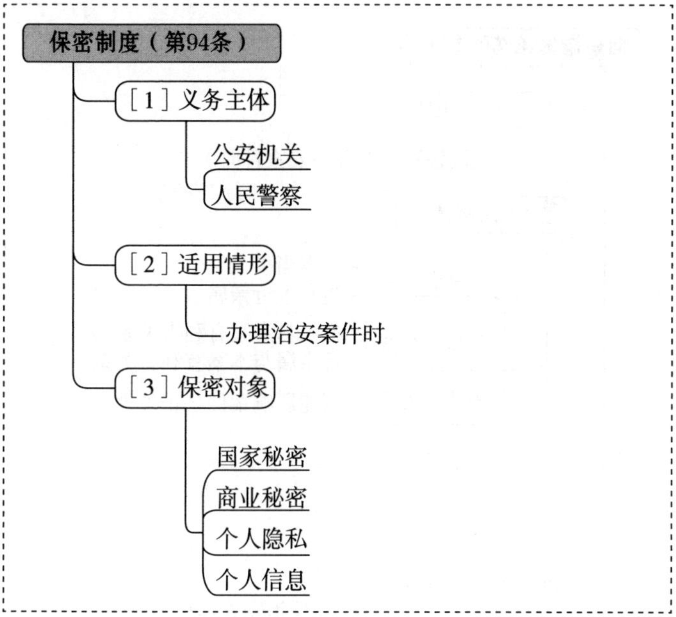
保密制度（第94条）
［1］义务主体
公安机关
人民警察
［2］适用情形
办理治安案件时
［3］保密对象
国家秘密
商业秘密
个人隐私
个人信息

第九十四条 公安机关及其人民警察在办理治安案件时，对涉及的国家秘密、商业秘密、个人隐私或者个人信息，应当予以保密。

四、回避制度（第 95 条）

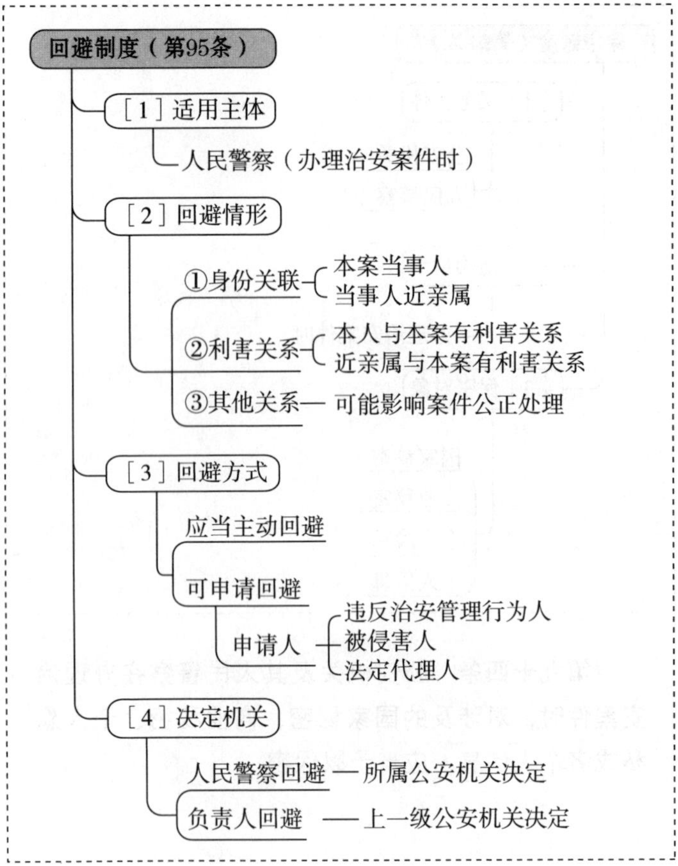
回避制度（第95条）
[1] 适用主体
人民警察（办理治安案件时）
[2] 回避情形
①身份关联
本案当事人
当事人近亲属
②利害关系
本人与本案有利害关系
近亲属与本案有利害关系
③其他关系
可能影响案件公正处理
[3] 回避方式
应当主动回避
可申请回避
申请人
违反治安管理行为人
被侵害人
法定代理人
[4] 决定机关
人民警察回避
所属公安机关决定
负责人回避
上一级公安机关决定

第九十五条 人民警察在办理治安案件过程中，遇有下列情形之一的，应当回避；违反治安管理行为人、被侵害人或者其法定代理人也有权要求他们回避：

（一）是本案当事人或者当事人的近亲属的；

（二）本人或者其近亲属与本案有利害关系的；

（三）与本案当事人有其他关系，可能影响案件公正处理的。

人民警察的回避，由其所属的公安机关决定；公安机关负责人的回避，由上一级公安机关决定。

〔**案例**1〕民警王某处理邻里纠纷时，当事人李某发现其与对方当事人是表姐夫关系。李某当场提出回避申请，被王某拒绝。在调解中，王某明显偏袒对方，最终作出对李某不利的调解协议。李某向公安分局督察部门投诉，经调查，公安分局撤销了原调解协议，并改由其他民警重新处理，王某被行政警告处分。

〔**案例**2〕民警张某受理案件时发现当事人是其大学室友，主动申请回避并获得批准。案件改由其他民警办理，最终处理结果双方均无异议。

五、传唤程序（第96条）

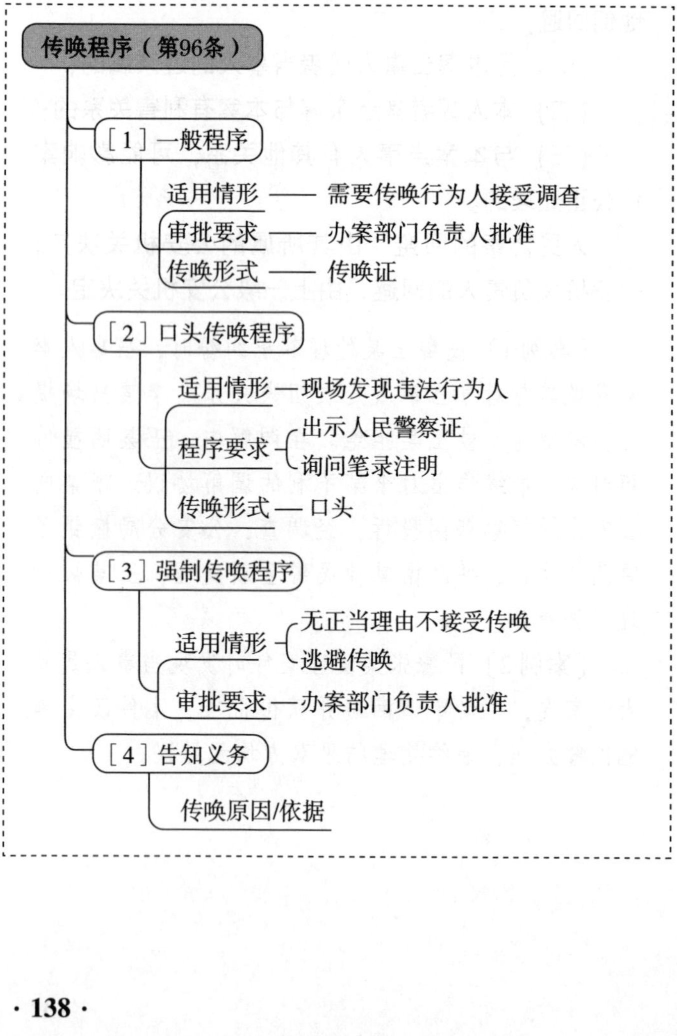
传唤程序（第96条）
[1] 一般程序
适用情形 —— 需要传唤行为人接受调查
审批要求 —— 办案部门负责人批准
传唤形式 —— 传唤证
[2] 口头传唤程序
适用情形 — 现场发现违法行为人
程序要求
出示人民警察证
询问笔录注明
传唤形式 — 口头
[3] 强制传唤程序
适用情形
无正当理由不接受传唤
逃避传唤
审批要求 — 办案部门负责人批准
[4] 告知义务
传唤原因/依据

第九十六条 需要传唤违反治安管理行为人接受调查的，经公安机关办案部门负责人批准，使用传唤证传唤。对现场发现的违反治安管理行为人，人民警察经出示人民警察证，可以口头传唤，但应当在询问笔录中注明。

公安机关应当将传唤的原因和依据告知被传唤人。对无正当理由不接受传唤或者逃避传唤的人，经公安机关办案部门负责人批准，可以强制传唤。

〔**案例**1〕陈某与同事曾某发生纠纷，派出所民警未出示证件，对已离开纠纷现场的陈某实施口头传唤，并使用手铐将其强制传唤至派出所进行调查。本案中，陈某已不在案发现场，不符合口头传唤条件（仅适用于“现场发现”），且口头传唤未出示证件，强制传唤未经书面审批，程序违法。最终本案被法院判决确认处罚程序违法。

〔**案例**2〕受理案件是传唤调查的前置程序。马某因涉嫌违法行为被警方传唤调查，但此时尚未立案，且传唤证未记载审批手续，最终因程序违法导致治安处罚决定被撤销。

六、询问程序（第97~101条）

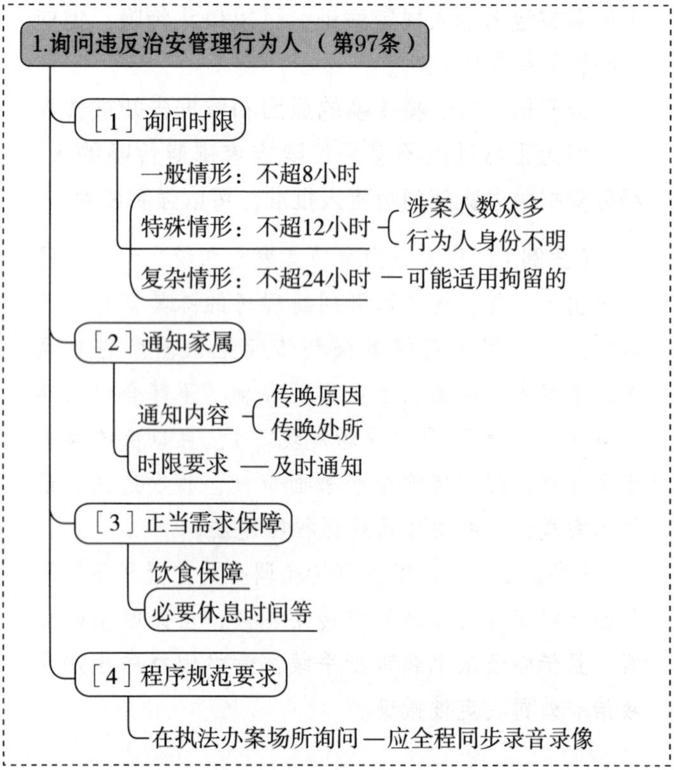
1.询问违反治安管理行为人（第97条）
［1］询问时限
一般情形：不超8小时
特殊情形：不超12小时
涉案人数众多
行为人身份不明
复杂情形：不超24小时
可能适用拘留的
［2］通知家属
通知内容
传唤原因
传唤处所
时限要求
及时通知
［3］正当需求保障
饮食保障
必要休息时间等
［4］程序规范要求
在执法办案场所询问
应全程同步录音录像

第九十七条 对违反治安管理行为人，公安机关传唤后应当及时询问查证，询问查证的时间不得超过八小时；涉案人数众多、违反治安管理行为人身份不明的，询问查证的时间不得超过十二小时；

情况复杂，依照本法规定可能适用行政拘留处罚的，询问查证的时间不得超过二十四小时。在执法办案场所询问违反治安管理行为人，应当全程同步录音录像。

公安机关应当及时将传唤的原因和处所通知被传唤人家属。

询问查证期间，公安机关应当保证违反治安管理行为人的饮食、必要的休息时间等正当需求。

〔**案例** 1〕冯某因阻碍执法被口头传唤至派出所接受调查，冯某质疑询问时间超时。公安机关未在传唤证上记录确切传唤时间，也无其他证据证明询问查证时间是否超过24小时法定上限，导致对冯某的治安管理处罚决定被法院确认程序违法。

〔**案例** 2〕陈某涉嫌扰乱公共秩序被传唤至派出所。派出所未将传唤原因和处所通知陈某家属。复议机关审理认为，派出所未履行传唤通知义务，侵犯了家属的知情权，程序违法。但因处罚已执行完毕，无法撤销，复议机关确认处罚决定违法。

〔**案例** 3〕王某因参与聚众斗殴被传唤至公安机关接受调查。因涉案人数众多，案情复杂，公安机关在24小时内完成询问查证，全程录音录像，并及时通知了王某家属，程序合法。

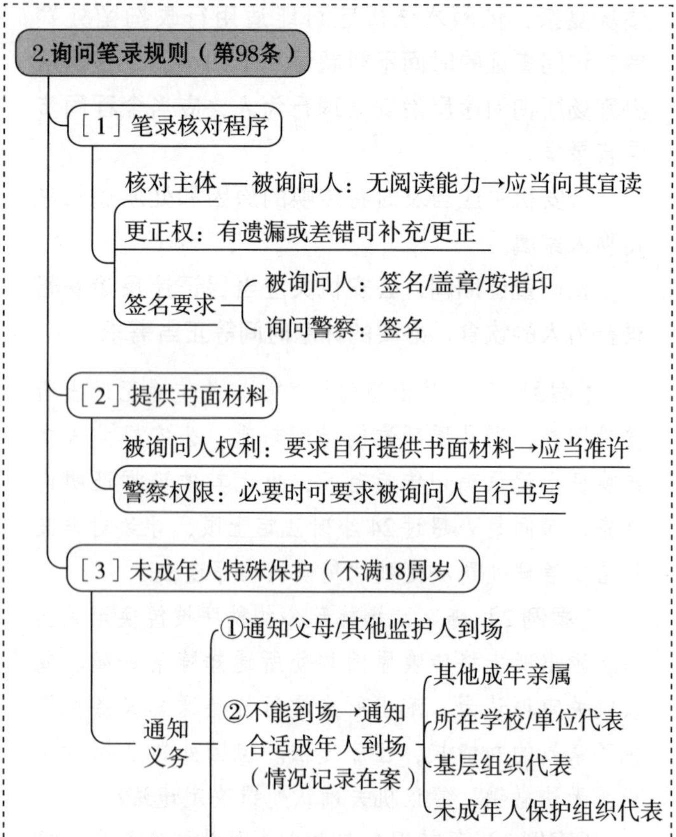
2.询问笔录规则（第98条）
［1］笔录核对程序
核对主体—被询问人：无阅读能力→应当向其宣读
更正权：有遗漏或差错可补充/更正
签名要求
被询问人：签名/盖章/按指印
询问警察：签名
［2］提供书面材料
被询问人权利：要求自行提供书面材料→应当准许
警察权限：必要时可要求被询问人自行书写
［3］未成年人特殊保护（不满18周岁）
通知义务
①通知父母/其他监护人到场
②不能到场→通知合适成年人到场（情况记录在案）
其他成年亲属
所在学校/单位代表
基层组织代表
未成年人保护组织代表
③无法通知/通知后未到场—在笔录中注明

第九十八条　询问笔录应当交被询问人核对；对没有阅读能力的，应当向其宣读。记载有遗漏或者差错的，被询问人可以提出补充或者更正。被询问人确认笔录无误后，应当签名、盖章或者按指印，询问的人民警察也应当在笔录上签名。

被询问人要求就被询问事项自行提供书面材料的，应当准许；必要时，人民警察也可以要求被询问人自行书写。

询问不满十八周岁的违反治安管理行为人，应当通知其父母或者其他监护人到场；其父母或者其他监护人不能到场的，也可以通知其他成年亲属，所在学校、单位、居住地基层组织或者未成年人保护组织的代表等合适成年人到场，并将有关情况记录在案。确实无法通知或者通知后未到场的，应当在笔录中注明。

〔**案例**1〕秦某吸毒被处拘留15日处罚。处罚询问笔录记载询问人为鲁某、时某，但同步录像显示实际询问人为鲁某、张某，记录人为张某；尿检人员则为鲁某、时某。因询问笔录程序违法（人员信息矛盾）不可采信，尿检阳性结果不足以单独证明吸毒事实，处罚决定被法院判决撤销。

〔**案例**2〕王某因纠纷案件接受询问时，要求自行书写事情经过，民警依法准许。王某书写完成后，民警将其材料作为证据附卷，并在询问笔录中注明情况。

〔**案例**3〕17岁学生张某参与打架被传唤到派出所询问，其父母在外地无法到场。公安机关通知学校老师作为合适成年人到场见证询问过程，全程录音录像并记录在案。

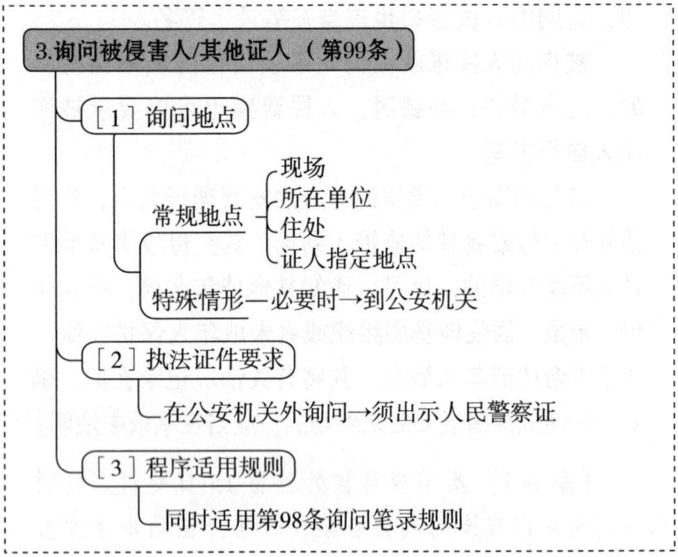
3.询问被侵害人/其他证人（第99条）
［1］询问地点
常规地点
现场
所在单位
住处
证人指定地点
特殊情形—必要时→到公安机关
［2］执法证件要求
在公安机关外询问→须出示人民警察证
［3］程序适用规则
同时适用第98条询问笔录规则

第九十九条 人民警察询问被侵害人或者其他证人，可以在现场进行，也可以到其所在单位、住处或者其提出的地点进行；必要时，也可以通知其到公安机关提供证言。

人民警察在公安机关以外询问被侵害人或者其他证人，应当出示人民警察证。

询问被侵害人或者其他证人，同时适用本法第九十八条的规定。

〔**案例**〕某派出所民警调查孙某寻衅滋事案，先后对证人周某在单位、派出所、咖啡馆等不同地点进行询问。因其证言前后矛盾，最终不被采信。

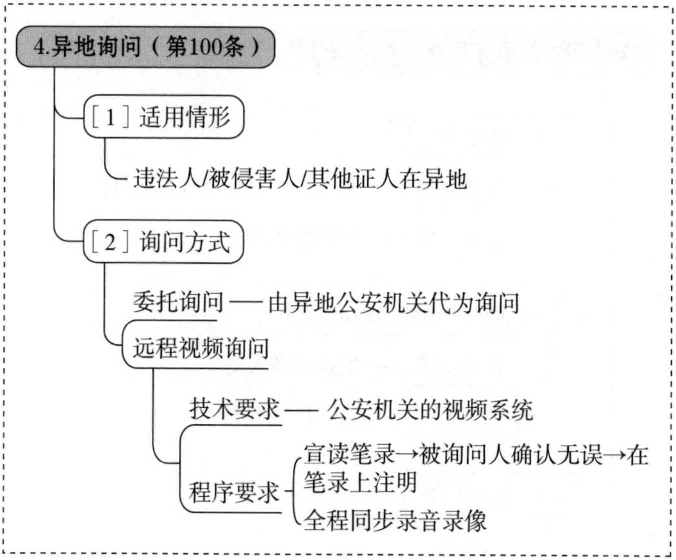
4.异地询问（第100条）
［1］适用情形
违法人/被侵害人/其他证人在异地
［2］询问方式
委托询问 —— 由异地公安机关代为询问
远程视频询问
技术要求 —— 公安机关的视频系统
程序要求
宣读笔录→被询问人确认无误→在笔录上注明
全程同步录音录像

第一百条　违反治安管理行为人、被侵害人或者其他证人在异地的，公安机关可以委托异地公安机关代为询问，也可以通过公安机关的视频系统远程询问。

通过远程视频方式询问的，应当向被询问人宣读询问笔录，被询问人确认笔录无误后，询问的人民警察应当在笔录上注明。询问和宣读过程应当全程同步录音录像。

5. 询问中的语言帮助（第101条）

- ［1］询问聋哑人
  - 特殊保障 —— 通晓手语等交流方式人员协助
  - 笔录要求 —— 注明相关情况
- ［2］询问不通晓当地语言者
  - 特殊保障 —— 配备翻译人员
  - 笔录要求 —— 注明相关情况
- ［3］适用对象
  - 违法人
  - 被侵害人
  - 其他证人

第一百零一条　询问聋哑的违反治安管理行为人、被侵害人或者其他证人，应当有通晓手语等交流方式的人提供帮助，并在笔录上注明。

询问不通晓当地通用的语言文字的违反治安管理行为人、被侵害人或者其他证人，应当配备翻译人员，并在笔录上注明。

七、检查程序（第102~104条）

1.人身检查（第102条）

- ［1］检查对象
  - 违反治安管理行为人
  - 被侵害人
- ［2］检查目的
  - 查明案件事实
  - 确定对象状态
    - 某些特征
    - 伤害情况
    - 生理状态
- ［3］审批程序
  - 办案部门负责人批准
- ［4］检查内容
  - 人身检查
  - 提取/采集样本
    - 肖像/指纹信息
    - 血液、尿液等生物样本
- ［5］特别要求
  - 禁止重复提取/采集
  - 采集被侵害人信息/样本：应征得本人或监护人同意

第一百零二条 为了查明案件事实，确定违反治安管理行为人、被侵害人的某些特征、伤害情况或者生理状态，需要对其人身进行检查，提取或者采集肖像、指纹信息和血液、尿液等生物样本的，经公安机关办案部门负责人批准后进行。对已经提取、采集的信息或者样本，不得重复提取、采集。提取或者采集被侵害人的信息或者样本，应当征得被侵害人或者其监护人同意。

〔**案例**1〕某派出所在调查一起盗窃案时，怀疑朱某涉案。民警王某未报经办案部门负责人批准，便对朱某进行人身检查并提取指纹，所提取的证据因程序违法被排除。

〔**案例**2〕赵某因吸毒被传唤，当天已采集其尿液样本并检测呈阳性。次日，办案民警再次要求采集尿液，李某拒绝后遭强制执行。复议机关认定二次尿检行为违法。

〔**案例**3〕在一起未成年人猥亵案件侦办过程中，民警在经办案部门负责人批准、征得未成年被侵害人监护人同意后，依法采集相关生物样本，与现场生物痕迹比对一致，违法嫌疑人被依法惩处。

2. 检查规则（第103条）

- ［1］检查对象
  - 与违法行为有关的场所
  - 违法行为人的人身/物品
- ［2］基本程序要求
  - 人员要求：不少于2名警察
  - 证件要求：出示人民警察证
- ［3］场所检查特别规定
  - 常规检查
    - 审批：县级以上公安机关负责人
    - 凭证：检查证
  - 当场检查
    - 条件：确有必要立即检查
    - 程序要求
      - 出示人民警察证
      - 全程同步录音录像
  - 住所检查—必须出示检查证（县级以上公安机关开具）
- ［4］人身检查特别规定
  - 检查妇女身体—应由女性或医师进行

第一百零三条　公安机关对与违反治安管理行为有关的场所或者违反治安管理行为人的人身、物品可以进行检查。检查时，人民警察不得少于二人，并应当出示人民警察证。

对场所进行检查的，经县级以上人民政府公安机关负责人批准，使用检查证检查；对确有必要立即进行检查的，人民警察经出示人民警察证，可以当场检查，并应当全程同步录音录像。检查公民住所应当出示县级以上人民政府公安机关开具的检查证。

检查妇女的身体，应当由女性工作人员或者医师进行。

〔**案例** 1〕在接到群众举报后，民警赵某经出示人民警察证，独自对涉黄旅馆进行检查，且无录音录像。复议机关认为，本案不属于有必要立即进行检查的情形，赵某未使用检查证检查，且检查人员少于2人，检查程序违法。

〔**案例** 2〕某派出所民警接举报称孙某家中有人赌博，未申请检查证即破门而入，全程未录音录像，虽查获赌资等证据，但因检查公民住所程序违法导致证据无效，处罚决定被撤销。

〔**案例** 3〕巡逻民警在执勤过程中处理斗殴事件，当场检查嫌疑人随身刀具，但未录音录像，导致程序违法。

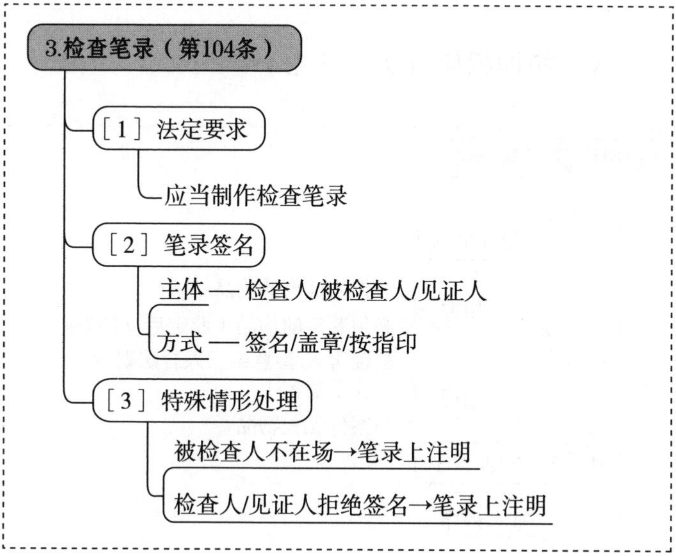
3.检查笔录（第104条）
［1］法定要求
应当制作检查笔录
［2］笔录签名
主体 — 检查人/被检查人/见证人
方式 — 签名/盖章/按指印
［3］特殊情形处理
被检查人不在场→笔录上注明
检查人/见证人拒绝签名→笔录上注明

第一百零四条　检查的情况应当制作检查笔录，由检查人、被检查人和见证人签名、盖章或者按指印；被检查人不在场或者被检查人、见证人拒绝签名的，人民警察应当在笔录上注明。

〔**案例**1〕某区公安民警对涉嫌赌博的棋牌室突击检查，检查笔录由检查人、被检查人签名，但未邀请见证人签名，也未在笔录上注明情况，因程序违法导致检查笔录无效。

〔**案例**2〕派出所民警检查张某车辆查获刀具，笔录记录“副驾驶储物箱查获”，但扣押照片显示刀具位于后备箱。检查笔录与物证位置矛盾，导致笔录不能作为证据使用。

八、扣押程序（第 105 条）

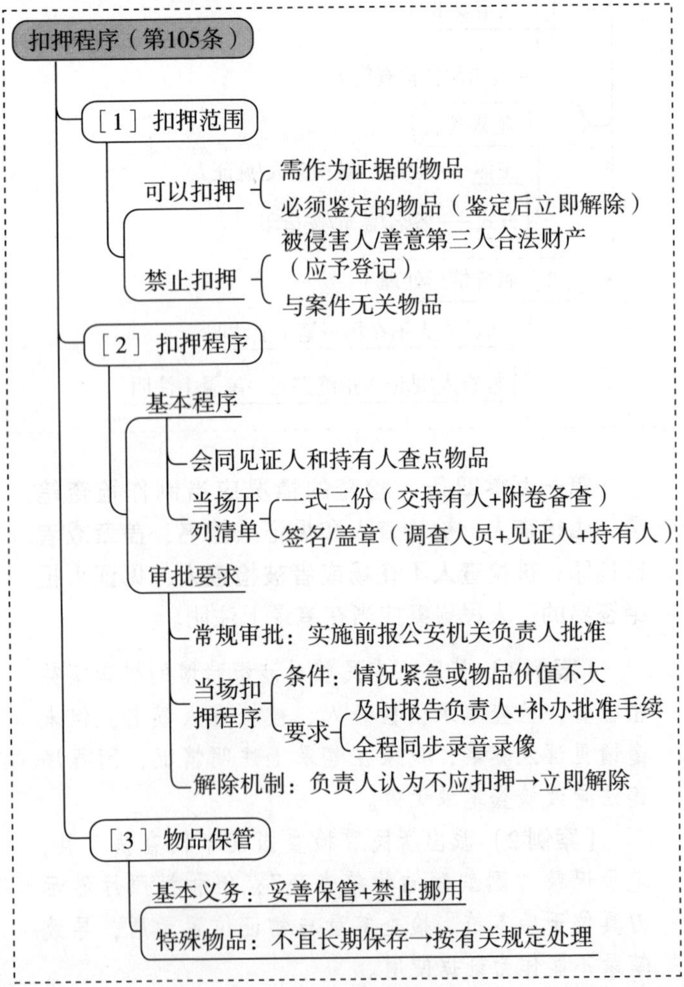
扣押程序（第105条）
［1］扣押范围
可以扣押
需作为证据的物品
必须鉴定的物品（鉴定后立即解除）
禁止扣押
被侵害人/善意第三人合法财产（应予登记）
与案件无关物品
［2］扣押程序
基本程序
会同见证人和持有人查点物品
当场开列清单
一式二份（交持有人+附卷备查）
签名/盖章（调查人员+见证人+持有人）
审批要求
常规审批：实施前报公安机关负责人批准
当场扣押程序
条件：情况紧急或物品价值不大
要求
及时报告负责人+补办批准手续
全程同步录音录像
解除机制：负责人认为不应扣押→立即解除
［3］物品保管
基本义务：妥善保管+禁止挪用
特殊物品：不宜长期保存→按有关规定处理

（续上图）

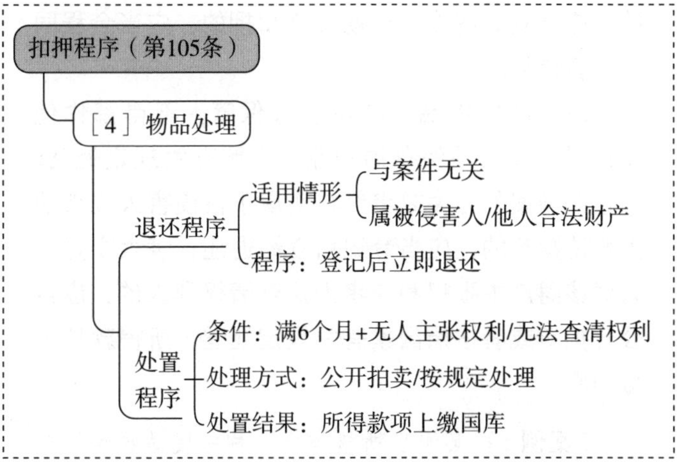
扣押程序（第105条）
［4］物品处理
退还程序
适用情形
与案件无关
属被侵害人/他人合法财产
程序：登记后立即退还
处置程序
条件：满6个月+无人主张权利/无法查清权利
处理方式：公开拍卖/按规定处理
处置结果：所得款项上缴国库

第一百零五条　公安机关办理治安案件，对与案件有关的需要作为证据的物品，可以扣押；对被侵害人或者善意第三人合法占有的财产，不得扣押，应当予以登记，但是对其中与案件有关的必须鉴定的物品，可以扣押，鉴定后应当立即解除。对与案件无关的物品，不得扣押。

对扣押的物品，应当会同在场见证人和被扣押物品持有人查点清楚，当场开列清单一式二份，由调查人员、见证人和持有人签名或者盖章，一份交给持有人，另一份附卷备查。

实施扣押前应当报经公安机关负责人批准；因情况紧急或者物品价值不大，当场实施扣押的，人民警察应当及时向其所属公安机关负责人报告，并补办批准手续。公安机关负责人认为不应当扣押的，应当立即解除。当场实施扣押的，应当全程同步录音录像。

对扣押的物品，应当妥善保管，不得挪作他用；对不宜长期保存的物品，按照有关规定处理。经查明与案件无关或者经核实属于被侵害人或者他人合法财产的，应当登记后立即退还；满六个月无人对该财产主张权利或者无法查清权利人的，应当公开拍卖或者按照国家有关规定处理，所得款项上缴国库。

〔**案例1**〕某派出所接举报，称一废品收购站非法收购电缆线。民警到场检查，发现站内确有电缆线及混杂的疑似废金属，报经负责人批准后，依法对相关物品实施扣押。扣押时，民警会同收购站负责人及见证人当场清点、登记物品，开列清单由三方签名确认。经后续调查核实，混杂在其中的废金属系合法收购，与案件无关，民警登记后立即退还；对扣押的电缆线，作为涉案证据妥善保管，待案件查清后依法处理。

〔**案例2**〕李某与张某斗殴中使用铁棍伤人，民警紧急扣押铁棍并及时向负责人报告。次日补办手续时发现铁棍系工地建筑工具，遂解除扣押并登记返还。

九、鉴定程序（第 106 条）

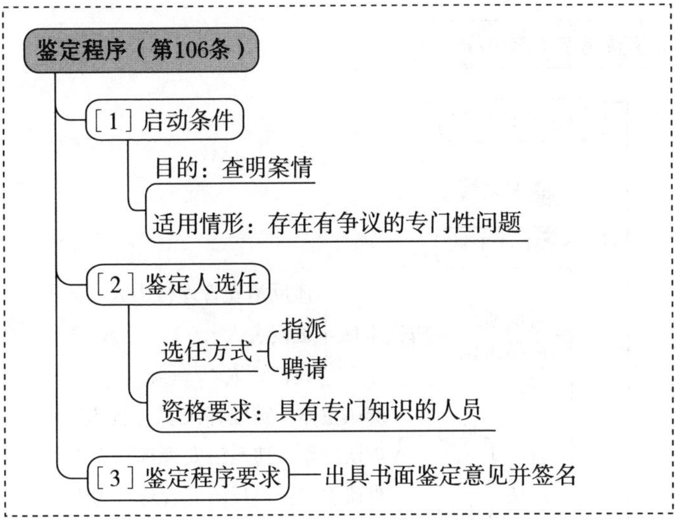
鉴定程序（第106条）
［1］启动条件
目的：查明案情
适用情形：存在有争议的专门性问题
［2］鉴定人选任
选任方式
指派
聘请
资格要求：具有专门知识的人员
［3］鉴定程序要求
出具书面鉴定意见并签名

第一百零六条　为了查明案情，需要解决案件中有争议的专门性问题的，应当指派或者聘请具有专门知识的人员进行鉴定；鉴定人鉴定后，应当写出鉴定意见，并且签名。

〔案例〕徐某殴打甄某致其鼓膜穿孔。公安机关在伤情鉴定尚未出具结论时，依据医院诊断及证人证言对徐某处 12 日拘留。法院确认处罚程序违法，但徐某违法证据确凿，处罚决定与鉴定意见相符，对处罚决定予以维持。

十、辨认程序（第 107 条）

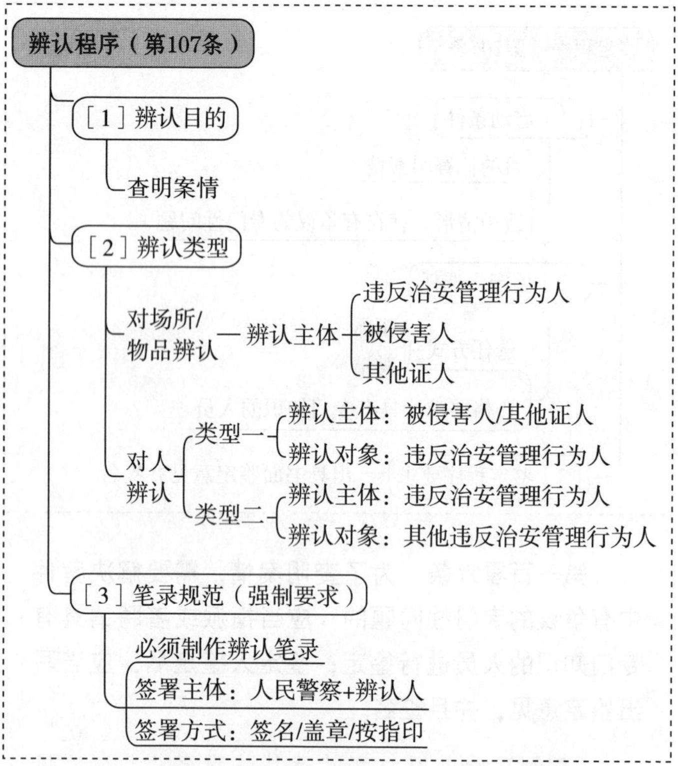
辨认程序（第107条）
[1] 辨认目的
查明案情
[2] 辨认类型
对场所/物品辨认
辨认主体
违反治安管理行为人
被侵害人
其他证人
对人辨认
类型一
辨认主体：被侵害人/其他证人
辨认对象：违反治安管理行为人
类型二
辨认主体：违反治安管理行为人
辨认对象：其他违反治安管理行为人
[3] 笔录规范（强制要求）
必须制作辨认笔录
签署主体：人民警察+辨认人
签署方式：签名/盖章/按指印

第一百零七条 为了查明案情，人民警察可以让违反治安管理行为人、被侵害人和其他证人对与违反治安管理行为有关的场所、物品进行辨认，也可以让被侵害人、其他证人对违反治安管理行为人进行辨认，或者让违反治安管理行为人对其他违反治安管理行为人进行辨认。

辨认应当制作辨认笔录，由人民警察和辨认人签名、盖章或者按指印。

〔**案例**1〕某市公安分局接超市报警抓获涉嫌盗窃的张某。因张某否认盗窃，民警依法启动辨认程序：一是物品辨认，民警将涉案洗发水混杂于10瓶同类商品中，由店员李某成功指认被盗物品；二是行为人辨认，安排张某与6名特征相似女性列队，李某准确指认张某为实施盗窃者。两次辨认均制作辨认笔录，详细记录过程、陪衬物数量及结果，由民警与辨认人李某签名捺印，张某拒绝签字后民警书面注明。公安分局结合辨认笔录等证据，认定张某盗窃事实成立，依法对其处以行政拘留5日。

〔**案例**2〕翟某在地铁上猥亵女子殷某后下车逃离。殷某因担心报复，要求不公开身份辨认嫌疑人。警方安排单向玻璃辨认，翟某在混杂的5人中被殷某指认成功，全程录像并制作笔录。

〔**案例**3〕杜某等5人聚众斗殴，部分参与者逃逸。民警让到案的杜某辨认监控截图中其他嫌疑人，杜某准确指认3人，笔录经其签字确认。依据笔录及监控，警方对在逃人员发布通缉，到案者均被处罚。

十一、调查取证人数规则（第 108 条）

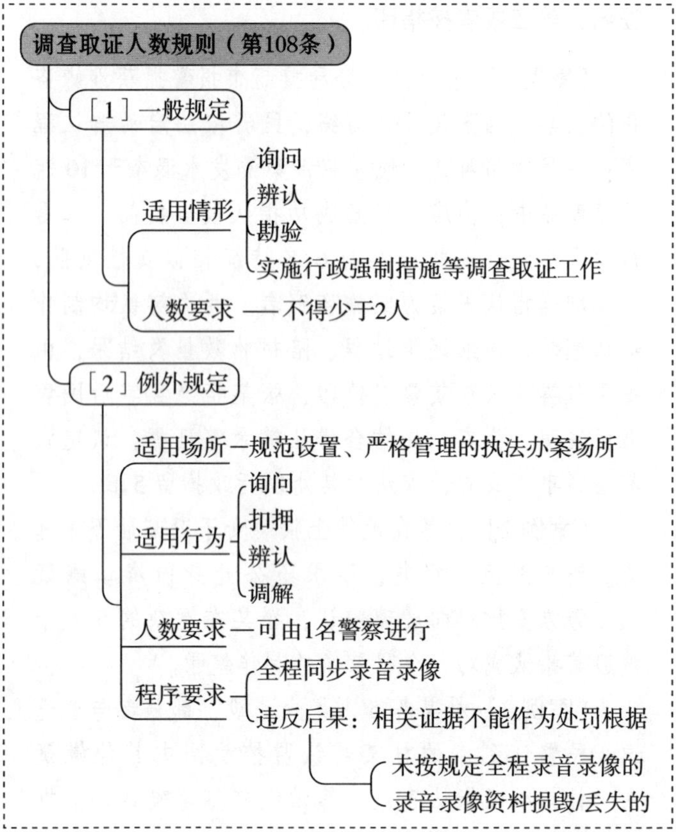
调查取证人数规则（第108条）
［1］一般规定
适用情形
询问
辨认
勘验
实施行政强制措施等调查取证工作
人数要求
不得少于2人
［2］例外规定
适用场所
规范设置、严格管理的执法办案场所
适用行为
询问
扣押
辨认
调解
人数要求
可由1名警察进行
程序要求
全程同步录音录像
违反后果：相关证据不能作为处罚根据
未按规定全程录音录像的
录音录像资料损毁/丢失的

第一百零八条　公安机关进行询问、辨认、勘验，实施行政强制措施等调查取证工作时，人民警察不得少于二人。

公安机关在规范设置、严格管理的执法办案场所进行询问、扣押、辨认的，或者进行调解的，可以由一名人民警察进行。

依照前款规定由一名人民警察进行询问、扣押、辨认、调解的，应当全程同步录音录像。未按规定全程同步录音录像或者录音录像资料损毁、丢失的，相关证据不能作为处罚的根据。

〔**案例 1**〕民警齐某在派出所办案区对盗窃嫌疑人王某进行赃物辨认。因警力紧张，齐某单独主持辨认并制作笔录，但未开启录音录像设备。因违反录音录像程序规定，辨认结果不得作为处罚依据。

〔**案例 2**〕民警周某在调解室单独调解邻里打架纠纷，双方达成赔偿协议。一周后，被处罚人反悔并起诉，警方提交调解录像时发现设备故障致录像丢失，导致调解协议无法作为证据使用。

第二节 决 定

一、处罚决定权限与折抵（第 109、110 条）

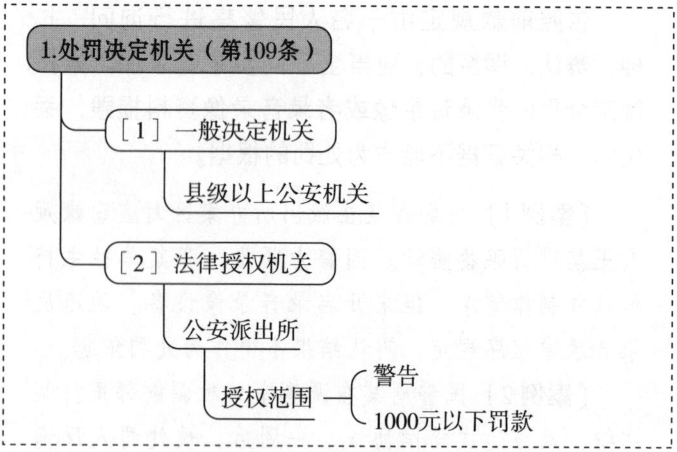
1.处罚决定机关（第109条）
[1] 一般决定机关
县级以上公安机关
[2] 法律授权机关
公安派出所
授权范围
警告
1000元以下罚款

第一百零九条 治安管理处罚由县级以上地方人民政府公安机关决定；其中警告、一千元以下的罚款，可以由公安派出所决定。

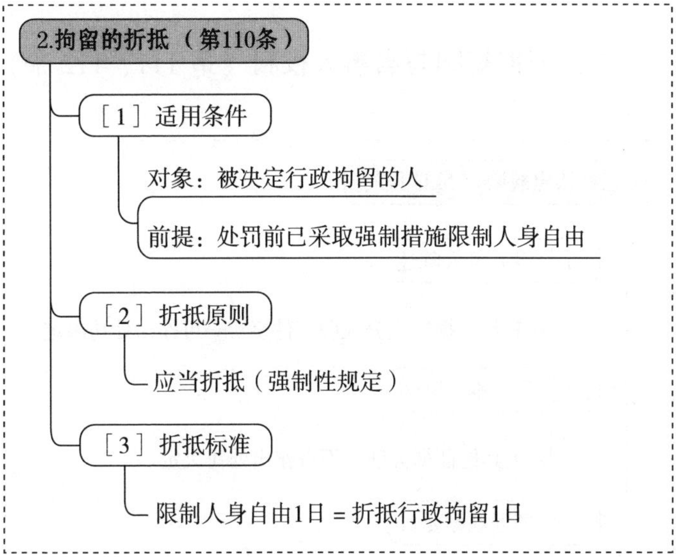
2.拘留的折抵（第110条）
［1］适用条件
对象：被决定行政拘留的人
前提：处罚前已采取强制措施限制人身自由
［2］折抵原则
应当折抵（强制性规定）
［3］折抵标准
限制人身自由1日 = 折抵行政拘留1日

第一百一十条 对决定给予行政拘留处罚的人，在处罚前已经采取强制措施限制人身自由的时间，应当折抵。限制人身自由一日，折抵行政拘留一日。

〔**案例**〕胡某因涉嫌盗窃罪被公安机关抓获，后检察机关因其犯罪情节轻微，作出不起诉决定，建议公安机关对其治安处罚。某县公安局采纳建议，依法对胡某作出行政拘留 12 日的处罚决定。因胡某在被检察机关作出不起诉决定前，已被公安机关采取强制措施限制人身自由，其限制人身自由的时间按规定折抵行政拘留时间。

二、证据规则与当事人权利（第 111、112 条）

1.证据认定规则（第111条）

- ［1］没有本人陈述
  - 其他证据能充分证明案件事实→可作出处罚决定
- ［2］只有本人陈述
  - 无其他证据佐证→不得作出处罚决定
- ［3］证据规则要点
  - 本人陈述非必要证据
  - 其他证据须形成完整证明链

第一百一十一条　公安机关查处治安案件，对没有本人陈述，但其他证据能够证明案件事实的，可以作出治安管理处罚决定。但是，只有本人陈述，没有其他证据证明的，不能作出治安管理处罚决定。

〔**案例**〕某商场盗窃案中嫌疑人始终拒绝承认违法事实，但监控录像、证人证言等证据完整充分，公安机关据此作出处罚决定。

2.告知与申辩（第112条）

- ［1］告知义务
  - 主体：公安机关
  - 时间：处罚决定前
  - 告知对象：违反治安管理行为人
  - 告知内容
    - 拟处罚内容
    - 事实
    - 理由
    - 依据
    - 依法享有的权利
  - 特殊告知要求
    - 对象：不满18周岁未成年人
    - 要求
      - 告知父母/其他监护人
      - 听取其意见
- ［2］申辩权利
  - 权利主体：违反治安管理行为人
  - 权利内容
    - 陈述权
    - 申辩权
  - 公安机关义务
    - 听取义务：必须充分听取意见
    - 复核义务：应当复核提出的事实/理由/证据
    - 采纳义务：事实/理由/证据成立的应予采纳
- ［3］禁止性规定
  - 禁止因陈述/申辩加重处罚

第一百一十二条 公安机关作出治安管理处罚决定前，应当告知违反治安管理行为人拟作出治安管理处罚的内容及事实、理由、依据，并告知违反治安管理行为人依法享有的权利。

违反治安管理行为人有权陈述和申辩。公安机关必须充分听取违反治安管理行为人的意见，对违反治安管理行为人提出的事实、理由和证据，应当进行复核；违反治安管理行为人提出的事实、理由或者证据成立的，公安机关应当采纳。

违反治安管理行为人不满十八周岁的，还应当依照前两款的规定告知未成年人的父母或者其他监护人，充分听取其意见。

公安机关不得因违反治安管理行为人的陈述、申辩而加重其处罚。

〔**案例** 1〕奚某因殴打王某被某区公安分局调查。6月12日，警方告知拟处罚的事实及依据，但6月13日补充了王某的关键陈述笔录作为新证据，未告知奚某，并依据新旧证据对奚某处以15日拘留。公安机关在告知后补充新证据的，必须重新履行告知义务以保障当事人申辩权，本案未重新告知构成程序违法，处罚决定被依法撤销。

〔**案例** 2〕高某殴打陶某致伤。派出所告知高某“拟依据治安管理处罚法作出处罚”，未说明具体种类及幅度，事实上剥夺了高某针对具体处罚的申辩权，构成程序违法。

三、处罚决定类型与程序（第113~116条）

1.决定的类型（第113条）

- ［1］基本处理类型
  - 处罚决定
    - 适用条件—确有应受处罚的违法行为
    - 决定要求—根据情节轻重/具体情况
  - 不予处罚决定—适用条件
    - 依法不予处罚的
    - 违法事实不能成立的
  - 刑事移送
    - 适用条件—违法行为涉嫌犯罪
    - 处理方式—移送主管机关追究刑事责任
  - 并行处理
    - 适用条件—发现还有其他违法行为
    - 处理方式
      - 作出治安处罚决定
      - 并通知或移送有关机关处理
- ［2］特殊程序（集体讨论）
  - 适用条件
    - 情节复杂
    - 或重大违法行为
  - 决策方式—公安机关负责人集体讨论决定

第一百一十三条 治安案件调查结束后，公安机关应当根据不同情况，分别作出以下处理：

（一）确有依法应当给予治安管理处罚的违法行为的，根据情节轻重及具体情况，作出处罚决定；

（二）依法不予处罚的，或者违法事实不能成立的，作出不予处罚决定；

（三）违法行为已涉嫌犯罪的，移送有关主管机关依法追究刑事责任；

（四）发现违反治安管理行为人有其他违法行为的，在对违反治安管理行为作出处罚决定的同时，通知或者移送有关主管机关处理。

对情节复杂或者重大违法行为给予治安管理处罚，公安机关负责人应当集体讨论决定。

〔**案例1**〕徐某因土地纠纷驾车堵路，阻碍道路施工，扰乱公共秩序。公安机关初以寻衅滋事对其行政拘留5日，但进一步调查发现其组织多人暴力威胁施工方，涉嫌聚众扰乱社会秩序罪，遂撤销原处罚，将案件移送检察机关追究刑事责任。

〔**案例2**〕潘某装修时擅自拆除楼顶公共排气管并封堵管道口，导致楼下住户返臭漏水。公安机关调查后认定该行为属违规改造，非故意损毁财物，故不予治安处罚，移送住建部门处理。

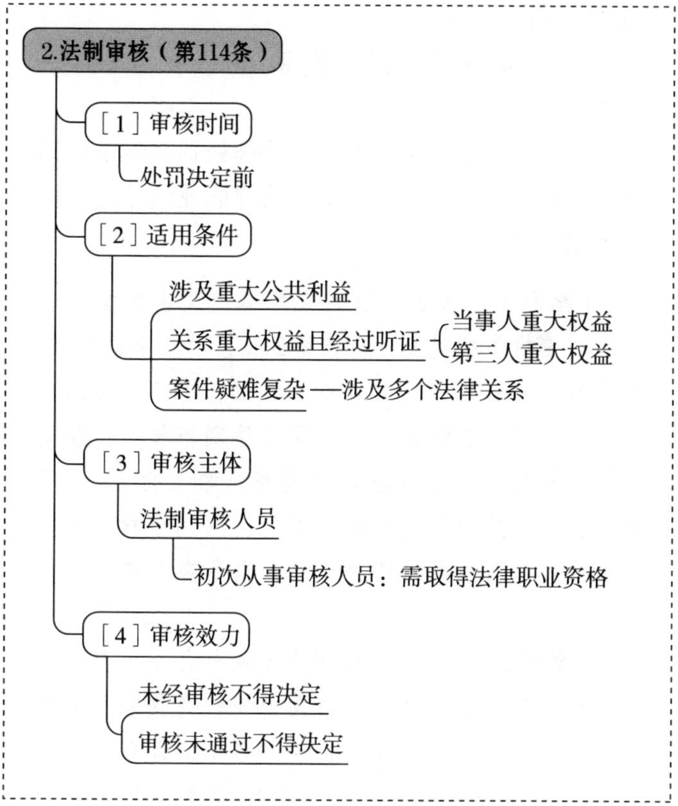
2.法制审核（第114条）
[1] 审核时间
处罚决定前
[2] 适用条件
涉及重大公共利益
关系重大权益且经过听证
当事人重大权益
第三人重大权益
案件疑难复杂—涉及多个法律关系
[3] 审核主体
法制审核人员
初次从事审核人员：需取得法律职业资格
[4] 审核效力
未经审核不得决定
审核未通过不得决定

第一百一十四条　有下列情形之一的，在公安机关作出治安管理处罚决定之前，应当由从事治安管理处罚决定法制审核的人员进行法制审核；未经法制审核或者审核未通过的，不得作出决定：

（一）涉及重大公共利益的；

（二）直接关系当事人或者第三人重大权益，

经过听证程序的；

（三）案件情况疑难复杂、涉及多个法律关系的。

公安机关中初次从事治安管理处罚决定法制审核的人员，应当通过国家统一法律职业资格考试取得法律职业资格。

〔**案例** 1〕杨某因遭丈夫家暴，反击致丈夫受伤。公安机关拟对其行政拘留3日，杨某申请听证。听证后，公安机关采纳其出于自卫、情节轻微的申辩，改为罚款200元，但未提交法制审核。行政复议机关指出，听证程序属“关系当事人重大权益”情形，变更后的处罚虽减轻但仍需法制审核。因未经审核，处罚被确认程序违法，责令重新履行审核程序。

〔**案例** 2〕某酒店经营者申某明知住宿人员利用酒店房间实施犯罪活动，不向公安机关报告，被处拘留5日并吊销酒店特种行业许可证，处罚决定未经法制审核。因本案涉及《治安管理处罚法》与《典当管理办法》的交叉适用，吊销许可证“关系第三人（酒店员工）重大权益”，必须由具备法律职业资格的人员进行法制审核，本案处罚决定因程序违法被撤销。

3.处罚决定书内容（第115条）

- ［1］必备内容要素
  - ①被处罚人信息
    - 姓名
    - 性别
    - 年龄
    - 身份证件名称和号码
    - 住址
  - ②违法事实和证据
  - ③处罚的种类和依据
  - ④执行方式和期限
  - ⑤救济途径
    - 申请行政复议途径/期限
    - 提起行政诉讼途径/期限
  - ⑥决定机关信息
    - 公安机关名称
    - 决定日期
- ［2］形式要求
  - 制作书面决定书
  - 加盖公安机关印章

第一百一十五条　公安机关作出治安管理处罚决定的，应当制作治安管理处罚决定书。决定书应当载明下列内容：

（一）被处罚人的姓名、性别、年龄、身份证件的名称和号码、住址；

（二）违法事实和证据；

（三）处罚的种类和依据；

（四）处罚的执行方式和期限；

（五）对处罚决定不服，申请行政复议、提起行政诉讼的途径和期限；

（六）作出处罚决定的公安机关的名称和作出决定的日期。

决定书应当由作出处罚决定的公安机关加盖印章。

〔**案例** 1〕潘某以帮忙拍照为由抢夺他人手机并进行语言骚扰，公安机关依法决定对其行政拘留 3 日。决定书载明潘某个人信息、违法事实（时间、地点、手段）、证据（被抢手机、本人供述、被害人陈述、证人证言）、执行方式（送拘留所执行及期限）、救济途径（复议、诉讼渠道）等，并加盖公安机关印章。

〔**案例** 2〕于某（15 岁）参与结伙殴打张某致伤。公安机关决定对其行政拘留 10 日（不执行），并罚款 500 元。决定书详细载明于某个人信息、违法过程、从轻依据、不执行拘留理由等，并告知罚款缴纳期限及救济途径，加盖公安机关印章。

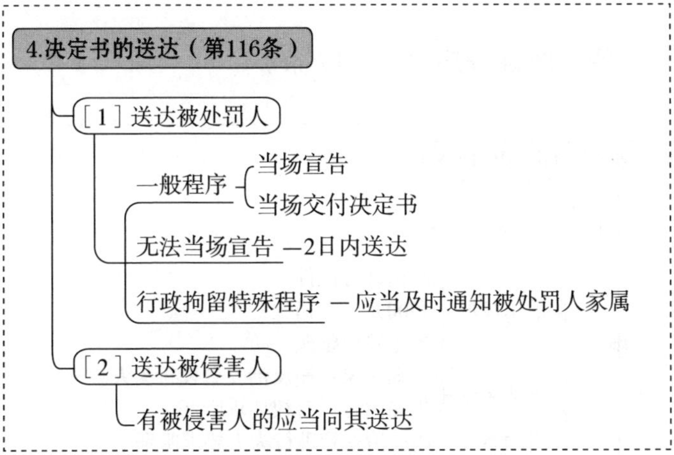
4.决定书的送达（第116条）
［1］送达被处罚人
一般程序
当场宣告
当场交付决定书
无法当场宣告 —2日内送达
行政拘留特殊程序 — 应当及时通知被处罚人家属
［2］送达被侵害人
有被侵害人的应当向其送达

第一百一十六条　公安机关应当向被处罚人宣告治安管理处罚决定书，并当场交付被处罚人；无法当场向被处罚人宣告的，应当在二日以内送达被处罚人。决定给予行政拘留处罚的，应当及时通知被处罚人的家属。

有被侵害人的，公安机关应当将决定书送达被侵害人。

〔**案例**〕张女士因扰乱单位秩序被处行政拘留7日。公安机关直接将其送拘，未向其宣告处罚决定书，也未通知家属。张女士释放后仅收到解除拘留证明，其家属直至释放才知情。本案因程序违法，但拘留已执行完毕无法撤销，法院判决确认处罚决定违法并赔偿损失。

四、听证程序（第 117 条）

听证程序（第117条）

- ［1］一般听证规则
  - 适用情形
    - 吊销许可证件
    - 4000元以上罚款
    - 责令停业整顿
  - 告知义务
    - 告知对象：违反治安管理行为人
    - 告知内容：有权要求听证
  - 启动条件：违反治安管理行为人要求听证
  - 处理要求：及时依法举行听证
- ［2］未成年人特殊规则
  - 适用情形 — 可能执行行政拘留的未成年人（依据第23条第2款）
  - 告知义务
    - 告知对象：未成年人和监护人
    - 告知内容：有权要求听证
  - 启动条件：未成年人和其监护人要求听证
  - 处理要求：及时依法举行听证
  - 特别规定：听证不公开举行
- ［3］其他案件听证
  - 适用条件
    - 案情复杂
    - 或具有重大社会影响
  - 启动要求
    - 违反治安管理行为人要求听证
    - 公安机关认为必要
  - 处理要求：及时依法举行听证
- ［4］禁止性规定
  - 不得因要求听证而加重处罚

第一百一十七条　公安机关作出吊销许可证件、处四千元以上罚款的治安管理处罚决定或者采取责令停业整顿措施前，应当告知违反治安管理行为人有权要求举行听证；违反治安管理行为人要求听证的，公安机关应当及时依法举行听证。

对依照本法第二十三条第二款规定可能执行行政拘留的未成年人，公安机关应当告知未成年人和其监护人有权要求举行听证；未成年人和其监护人要求听证的，公安机关应当及时依法举行听证。对未成年人案件的听证不公开举行。

前两款规定以外的案情复杂或者具有重大社会影响的案件，违反治安管理行为人要求听证，公安机关认为必要的，应当及时依法举行听证。

公安机关不得因违反治安管理行为人要求听证而加重其处罚。

〔**案例**〕钊某因扰乱单位秩序，被公安机关处行政拘留7日。处罚前，公安机关告知了钊某依法享有的权利并听取了钊某的申辩。钊某主张公安机关遗漏了听证程序，处罚程序违法，提起行政诉讼。法院认为，法律未将行政拘留列为依法应进行听证的情形，钊某的主张不能成立。

五、简易程序（当场处罚）（第 119、120 条）

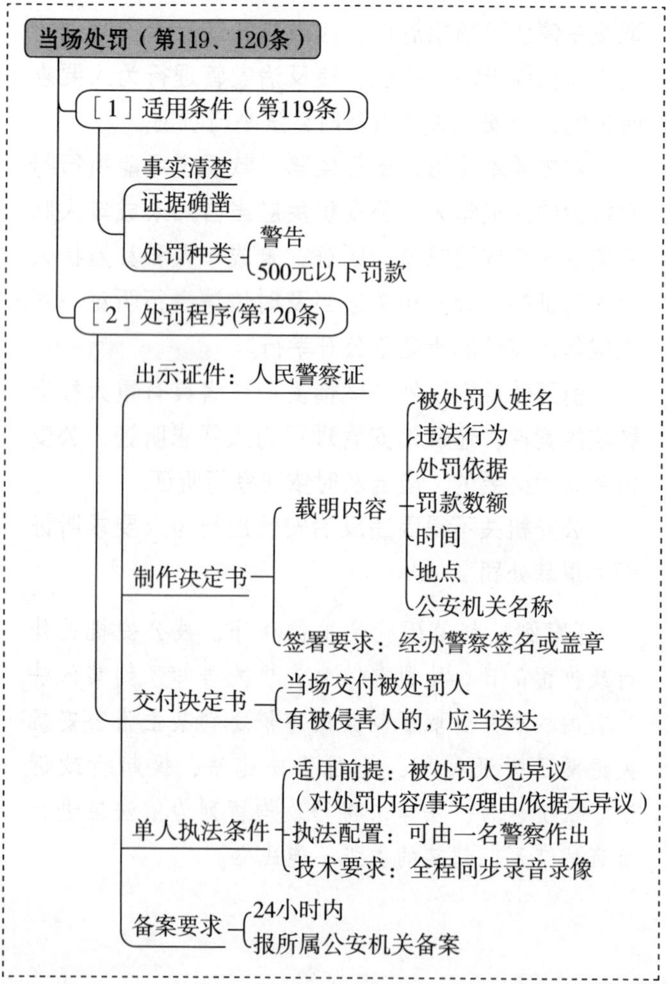
当场处罚（第119、120条）
［1］适用条件（第119条）
事实清楚
证据确凿
处罚种类
警告
500元以下罚款
［2］处罚程序(第120条)
出示证件：人民警察证
制作决定书
载明内容
被处罚人姓名
违法行为
处罚依据
罚款数额
时间
地点
公安机关名称
签署要求：经办警察签名或盖章
交付决定书
当场交付被处罚人
有被侵害人的，应当送达
单人执法条件
适用前提：被处罚人无异议
（对处罚内容/事实/理由/依据无异议）
执法配置：可由一名警察作出
技术要求：全程同步录音录像
备案要求
24小时内
报所属公安机关备案

第一百一十九条　违反治安管理行为事实清楚，证据确凿，处警告或者五百元以下罚款的，可以当场作出治安管理处罚决定。

第一百二十条　当场作出治安管理处罚决定的，人民警察应当向违反治安管理行为人出示人民警察证，并填写处罚决定书。处罚决定书应当当场交付被处罚人；有被侵害人的，并应当将决定书送达被侵害人。

前款规定的处罚决定书，应当载明被处罚人的姓名、违法行为、处罚依据、罚款数额、时间、地点以及公安机关名称，并由经办的人民警察签名或者盖章。

适用当场处罚，被处罚人对拟作出治安管理处罚的内容及事实、理由、依据没有异议的，可以由一名人民警察作出治安管理处罚决定，并应当全程同步录音录像。

当场作出治安管理处罚决定的，经办的人民警察应当在二十四小时以内报所属公安机关备案。

〔**案例**〕某县公安局民警检查发现某宾馆未登记旅客张某身份信息。宾馆负责人齐某当场承认因疏忽未查验证件。民警调取住宿记录、询问证人，确认违法事实清楚，证据确凿，当场决定对齐某罚款200元，填写处罚决定书交付齐某签收。全程由一名警察执法，同步录音录像，24小时内报县公安局备案。

六、办案期限（第 118 条）

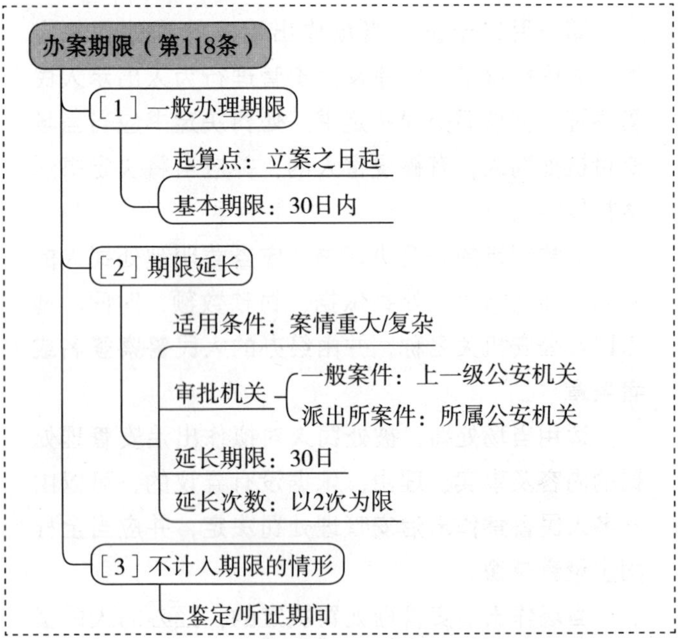
办案期限（第118条）
[1]一般办理期限
起算点：立案之日起
基本期限：30日内
[2]期限延长
适用条件：案情重大/复杂
审批机关
一般案件：上一级公安机关
派出所案件：所属公安机关
延长期限：30日
延长次数：以2次为限
[3]不计入期限的情形
鉴定/听证期间

第一百一十八条 公安机关办理治安案件的期限，自立案之日起不得超过三十日；案情重大、复杂的，经上一级公安机关批准，可以延长三十日。期限延长以二次为限。公安派出所办理的案件需要延长期限的，由所属公安机关批准。

为了查明案情进行鉴定的期间、听证的期间，不计入办理治安案件的期限。

七、救济途径（第 121 条）

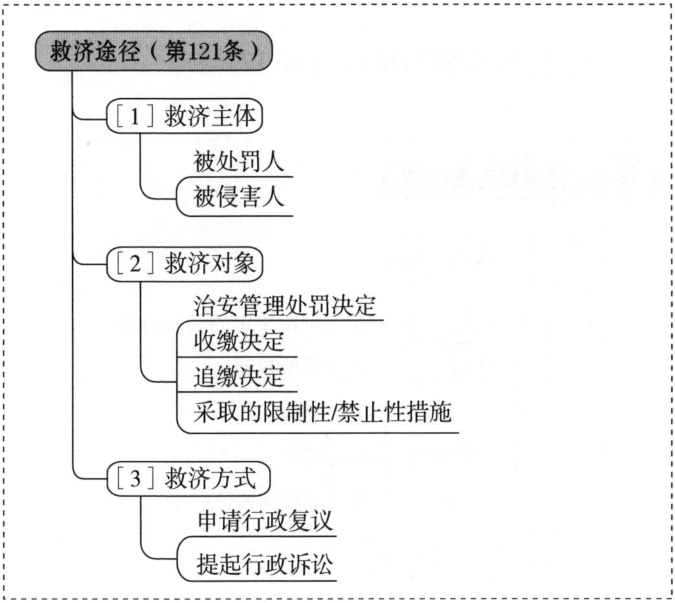
救济途径（第121条）
[1] 救济主体
被处罚人
被侵害人
[2] 救济对象
治安管理处罚决定
收缴决定
追缴决定
采取的限制性/禁止性措施
[3] 救济方式
申请行政复议
提起行政诉讼

第一百二十一条 被处罚人、被侵害人对公安机关依照本法规定作出的治安管理处罚决定，作出的收缴、追缴决定，或者采取的有关限制性、禁止性措施等不服的，可以依法申请行政复议或者提起行政诉讼。

第三节 执　　行

一、行政拘留的执行（第 122 条）

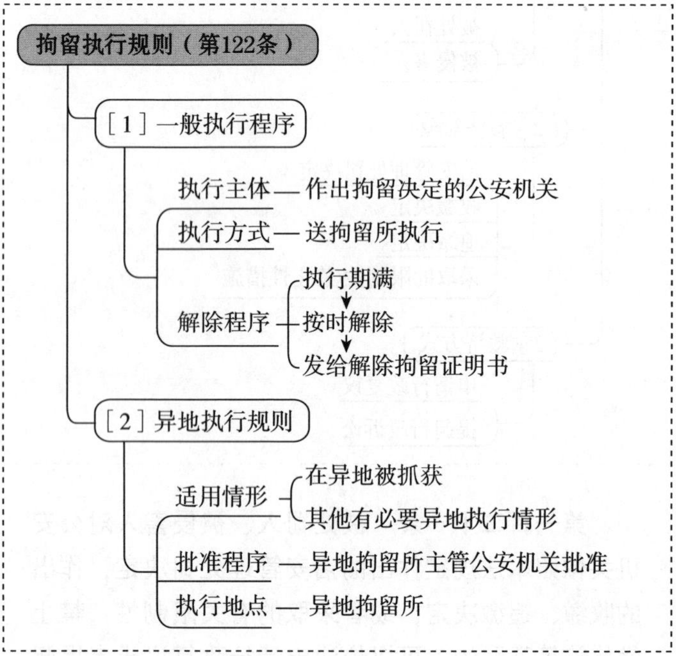
拘留执行规则（第122条）
［1］一般执行程序
执行主体— 作出拘留决定的公安机关
执行方式— 送拘留所执行
解除程序
执行期满
按时解除
发给解除拘留证明书
［2］异地执行规则
适用情形
在异地被抓获
其他有必要异地执行情形
批准程序 — 异地拘留所主管公安机关批准
执行地点 — 异地拘留所

第一百二十二条　对被决定给予行政拘留处罚的人，由作出决定的公安机关送拘留所执行；执行期满，拘留所应当按时解除拘留，发给解除拘留证明书。

被决定给予行政拘留处罚的人在异地被抓获或者有其他有必要在异地拘留所执行情形的，经异地拘留所主管公安机关批准，可以在异地执行。

〔**案例**1〕杨某违法飞行民用无人驾驶航空器，被某区公安分局处以行政拘留5日。区公安分局民警将杨某送拘留所执行，执行期满后按时解除拘留，并发给解除证明书。

〔**案例**2〕刘某在甲市盗窃后流窜至乙市，甲市公安民警在乙市火车站抓获刘某，对其作出行政拘留10日的处罚决定。经当地公安机关批准，刘某被送乙市拘留所执行拘留，避免长途押解风险。

二、行政拘留的暂缓执行（第126~130条）

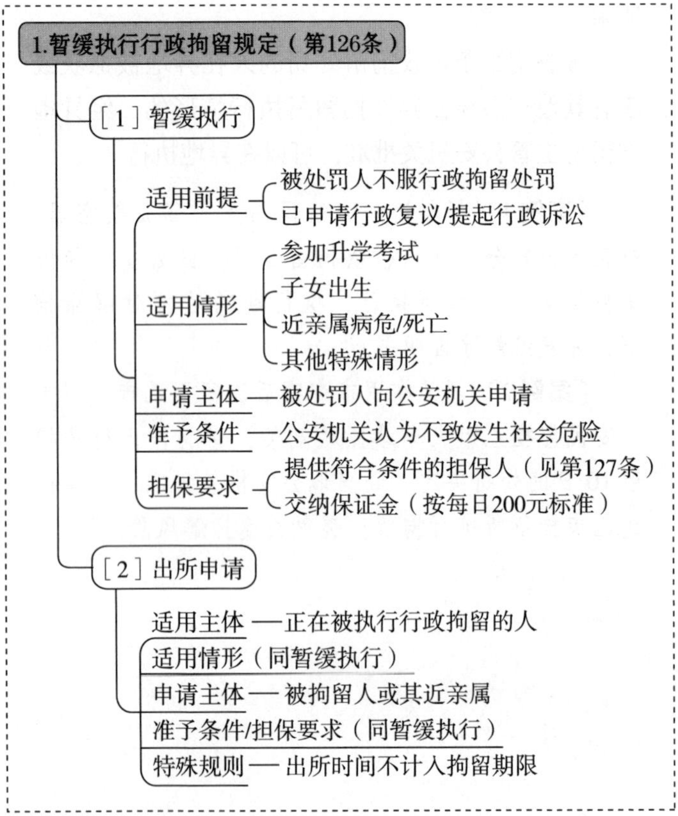
1.暂缓执行行政拘留规定（第126条）
［1］暂缓执行
适用前提
被处罚人不服行政拘留处罚
已申请行政复议/提起行政诉讼
适用情形
参加升学考试
子女出生
近亲属病危/死亡
其他特殊情形
申请主体—被处罚人向公安机关申请
准予条件—公安机关认为不致发生社会危险
担保要求
提供符合条件的担保人（见第127条）
交纳保证金（按每日200元标准）
［2］出所申请
适用主体—正在被执行行政拘留的人
适用情形（同暂缓执行）
申请主体—被拘留人或其近亲属
准予条件/担保要求（同暂缓执行）
特殊规则—出所时间不计入拘留期限

第一百二十六条 被处罚人不服行政拘留处罚决定，申请行政复议、提起行政诉讼的，遇有参加升学考试、子女出生或者近亲属病危、死亡等情形的，可以向公安机关提出暂缓执行行政拘留的申请。公安机关认为暂缓执行行政拘留不致发生社会危险的，由被处罚人或者其近亲属提出符合本法第一百二十七条规定条件的担保人，或者按每日行政拘留二百元的标准交纳保证金，行政拘留的处罚决定暂缓执行。

正在被执行行政拘留处罚的人遇有参加升学考试、子女出生或者近亲属病危、死亡等情形，被拘留人或者其近亲属申请出所的，由公安机关依照前款规定执行。被拘留人出所的时间不计入拘留期限。

〔**案例**〕高中生赵某（18岁）因与同学争执引发肢体冲突，被公安机关决定行政拘留5日，赵某对拘留决定不服提起行政诉讼。正值高考前夕，赵某母亲称赵某系应届高考生，向公安机关申请暂缓执行拘留，并提交了准考证及学校证明。公安机关审查后认为，赵某无前科、案情轻微，暂缓执行不致发生社会危险，准予暂缓执行，但要求其母按每日200元标准交纳保证金1000元。

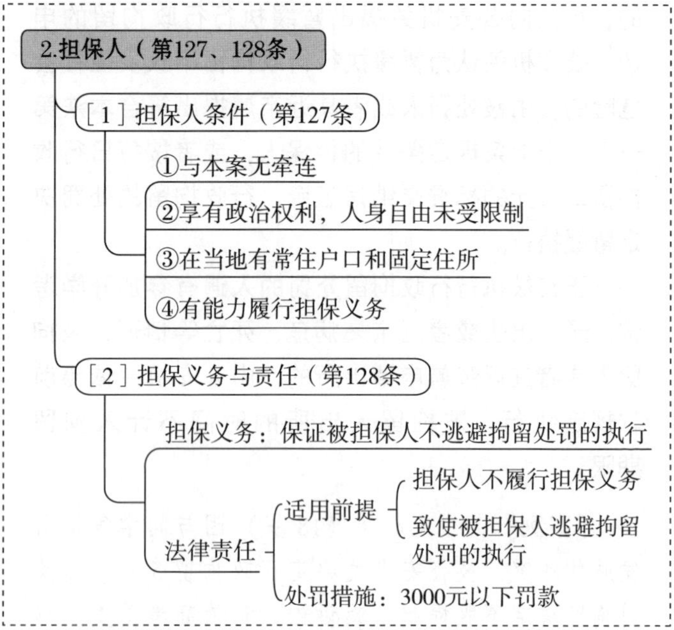
2.担保人（第127、128条）
［1］担保人条件（第127条）
①与本案无牵连
②享有政治权利，人身自由未受限制
③在当地有常住户口和固定住所
④有能力履行担保义务
［2］担保义务与责任（第128条）
担保义务：保证被担保人不逃避拘留处罚的执行
法律责任
适用前提
担保人不履行担保义务
致使被担保人逃避拘留处罚的执行
处罚措施：3000元以下罚款

第一百二十七条 担保人应当符合下列条件：

（一）与本案无牵连；

（二）享有政治权利，人身自由未受到限制；

（三）在当地有常住户口和固定住所；

（四）有能力履行担保义务。

第一百二十八条 担保人应当保证被担保人不逃避行政拘留处罚的执行。

担保人不履行担保义务，致使被担保人逃避行政拘留处罚的执行的，处三千元以下罚款。

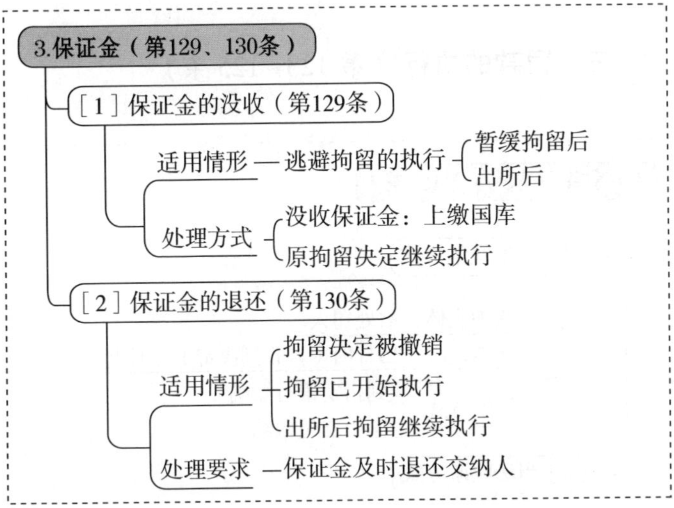
3.保证金（第129、130条）
［1］保证金的没收（第129条）
适用情形
逃避拘留的执行
暂缓拘留后
出所后
处理方式
没收保证金：上缴国库
原拘留决定继续执行
［2］保证金的退还（第130条）
适用情形
拘留决定被撤销
拘留已开始执行
出所后拘留继续执行
处理要求
保证金及时退还交纳人

第一百二十九条　被决定给予行政拘留处罚的人交纳保证金，暂缓行政拘留或者出所后，逃避行政拘留处罚的执行的，保证金予以没收并上缴国库，已经作出的行政拘留决定仍应执行。

第一百三十条　行政拘留的处罚决定被撤销，行政拘留处罚开始执行，或者出所后继续执行的，公安机关收取的保证金应当及时退还交纳人。

〔**案例**〕李某因殴打他人被处拘留10日，不服处罚决定申请复议，并交纳2000元保证金申请暂缓执行。暂缓执行期间，李某擅自离开居住地并更换联系方式逃避拘留。公安机关查实后，没收李某保证金，并恢复执行原拘留决定。

三、罚款的执行（第 123~125 条）

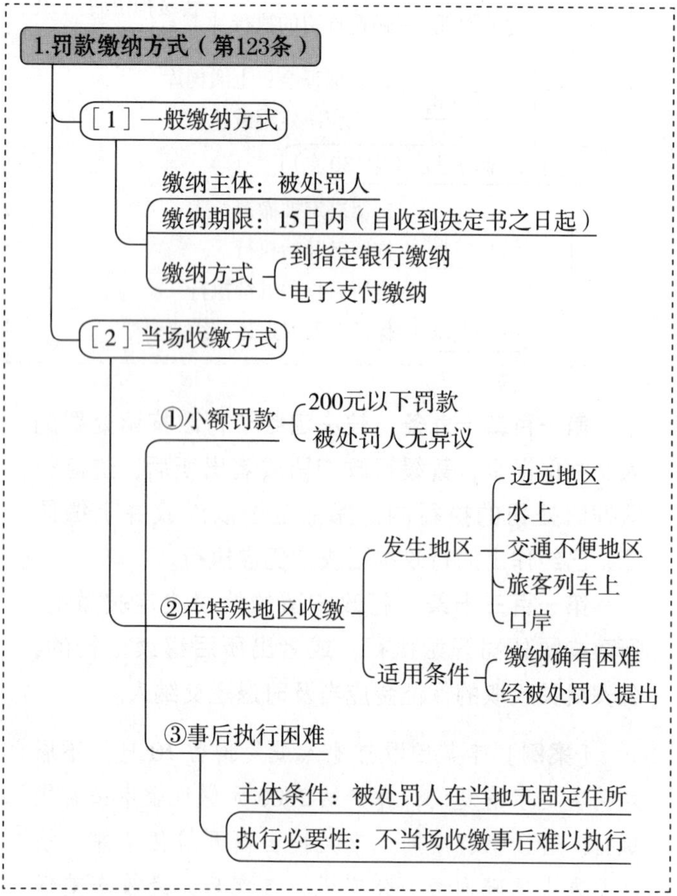
1.罚款缴纳方式（第123条）
［1］一般缴纳方式
缴纳主体：被处罚人
缴纳期限：15日内（自收到决定书之日起）
缴纳方式
到指定银行缴纳
电子支付缴纳
［2］当场收缴方式
①小额罚款
200元以下罚款
被处罚人无异议
②在特殊地区收缴
发生地区
边远地区
水上
交通不便地区
旅客列车上
口岸
适用条件
缴纳确有困难
经被处罚人提出
③事后执行困难
主体条件：被处罚人在当地无固定住所
执行必要性：不当场收缴事后难以执行

第一百二十三条　受到罚款处罚的人应当自收到处罚决定书之日起十五日以内，到指定的银行或者通过电子支付系统缴纳罚款。但是，有下列情形之一的，人民警察可以当场收缴罚款：

（一）被处二百元以下罚款，被处罚人对罚款无异议的；

（二）在边远、水上、交通不便地区，旅客列车上或者口岸，公安机关及其人民警察依照本法的规定作出罚款决定后，被处罚人到指定的银行或者通过电子支付系统缴纳罚款确有困难，经被处罚人提出的；

（三）被处罚人在当地没有固定住所，不当场收缴事后难以执行的。

〔**案例1**〕游客张某在某旅游城市因寻衅滋事被处200元罚款。公安机关查明张某为外地游客，无本地固定住所，且3小时后将乘机离开。经告知权利，张某未提出异议，民警当场收缴罚款并开具收据，避免事后难以执行。

〔**案例2**〕冯某因邻里纠纷被罚300元，办案民警要求冯某将罚款交其代缴银行。因罚款300元不符合当场收缴的条件，违反“罚缴分离”原则，罚款决定被撤销。

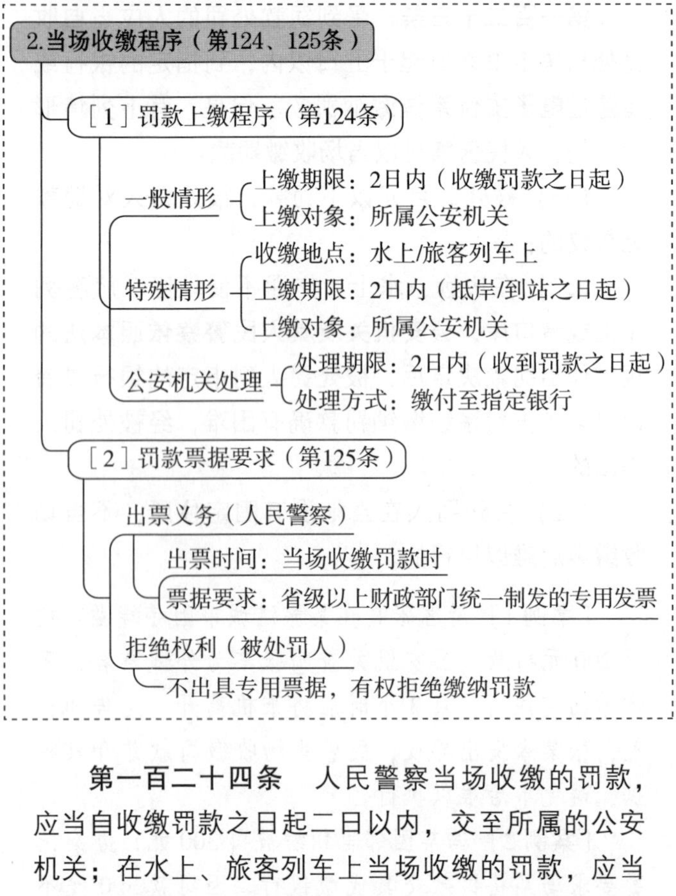
2.当场收缴程序（第124、125条）
[1] 罚款上缴程序（第124条）
一般情形
上缴期限：2日内（收缴罚款之日起）
上缴对象：所属公安机关
特殊情形
收缴地点：水上/旅客列车上
上缴期限：2日内（抵岸/到站之日起）
上缴对象：所属公安机关
公安机关处理
处理期限：2日内（收到罚款之日起）
处理方式：缴付至指定银行
[2] 罚款票据要求（第125条）
出票义务（人民警察）
出票时间：当场收缴罚款时
票据要求：省级以上财政部门统一制发的专用发票
拒绝权利（被处罚人）
不出具专用票据，有权拒绝缴纳罚款

第一百二十四条 人民警察当场收缴的罚款，应当自收缴罚款之日起二日以内，交至所属的公安机关；在水上、旅客列车上当场收缴的罚款，应当自抵岸或者到站之日起二日以内，交至所属的公安机关；公安机关应当自收到罚款之日起二日以内将罚款缴付指定的银行。

第一百二十五条　人民警察当场收缴罚款的，应当向被处罚人出具省级以上人民政府财政部门统一制发的专用票据；不出具统一制发的专用票据的，被处罚人有权拒绝缴纳罚款。

〔**案例**1〕渔民郑某在禁渔期使用禁用渔具捕捞，在水上被派出所民警当场查获。因郑某无固定住所且即将离港，民警对其罚款200元并当场收缴，同时出具省级财政部门制发的专用票据。执法人员抵岸后于当日18时将罚款交至派出所，派出所次日9时将罚款缴付指定银行。

〔**案例**2〕李某因赌博被公安机关罚款100元，民警现场收缴罚款但仅出具手写收据。李某提起行政诉讼，法院认定该收据非省级财政部门统一制发，判决撤销处罚并退还罚款。

第五章　执 法 监 督

一、执法规范与保障（第131、132、134、135、137条）

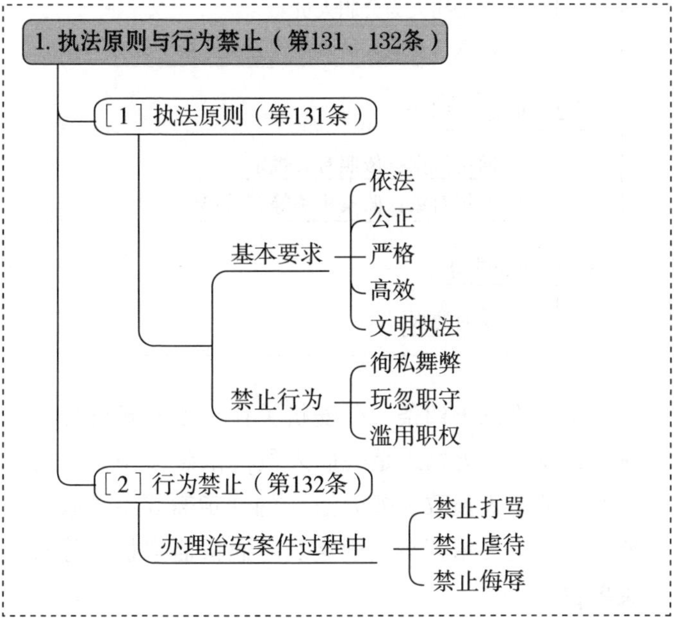
1. 执法原则与行为禁止（第131、132条）
［1］执法原则（第131条）
基本要求
依法
公正
严格
高效
文明执法
禁止行为
徇私舞弊
玩忽职守
滥用职权
［2］行为禁止（第132条）
办理治安案件过程中
禁止打骂
禁止虐待
禁止侮辱

第一百三十一条 公安机关及其人民警察应当依法、公正、严格、高效办理治安案件，文明执法，不得徇私舞弊、玩忽职守、滥用职权。

第一百三十二条 公安机关及其人民警察办理治安案件，禁止对违反治安管理行为人打骂、虐待或者侮辱。

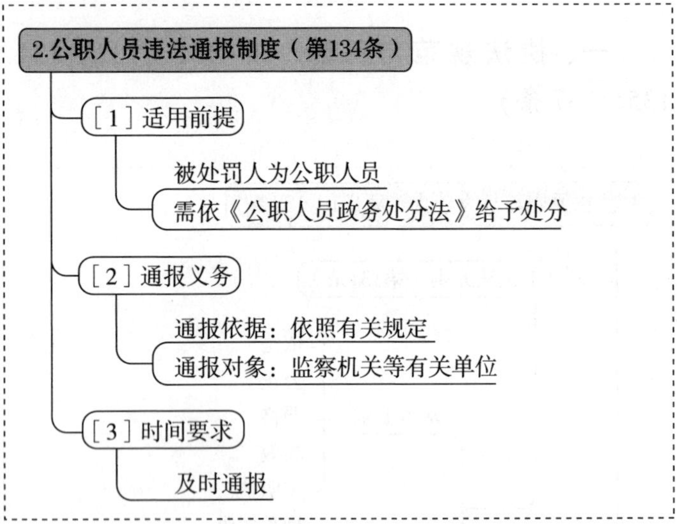
2.公职人员违法通报制度（第134条）
［1］适用前提
被处罚人为公职人员
需依《公职人员政务处分法》给予处分
［2］通报义务
通报依据：依照有关规定
通报对象：监察机关等有关单位
［3］时间要求
及时通报

第一百三十四条　公安机关作出治安管理处罚决定，发现被处罚人是公职人员，依照《中华人民共和国公职人员政务处分法》的规定需要给予政务处分的，应当依照有关规定及时通报监察机关等有关单位。

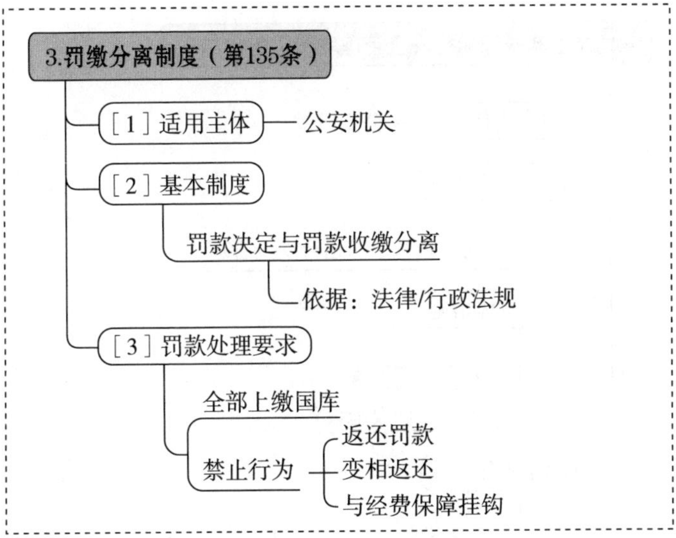
3.罚缴分离制度（第135条）
[1] 适用主体
公安机关
[2] 基本制度
罚款决定与罚款收缴分离
依据：法律/行政法规
[3] 罚款处理要求
全部上缴国库
禁止行为
返还罚款
变相返还
与经费保障挂钩

第一百三十五条 公安机关依法实施罚款处罚，应当依照有关法律、行政法规的规定，实行罚款决定与罚款收缴分离；收缴的罚款应当全部上缴国库，不得返还、变相返还，不得与经费保障挂钩。

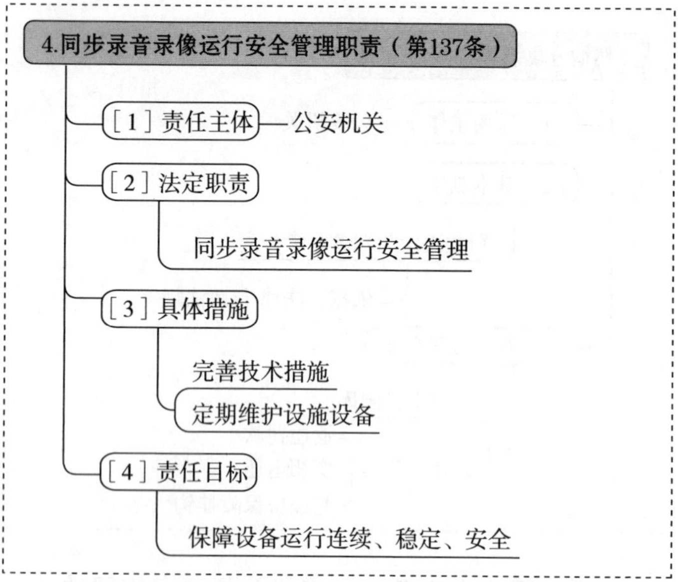
4.同步录音录像运行安全管理职责（第137条）
［1］责任主体
公安机关
［2］法定职责
同步录音录像运行安全管理
［3］具体措施
完善技术措施
定期维护设施设备
［4］责任目标
保障设备运行连续、稳定、安全

第一百三十七条 公安机关应当履行同步录音录像运行安全管理职责，完善技术措施，定期维护设施设备，保障录音录像设备运行连续、稳定、安全。

二、监督机制（第 133 条）

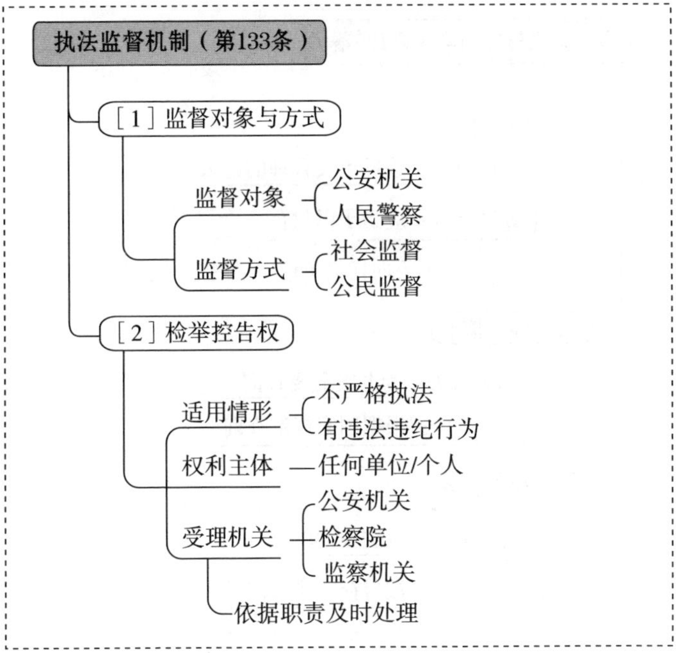
执法监督机制（第133条）
[1] 监督对象与方式
监督对象
公安机关
人民警察
监督方式
社会监督
公民监督
[2] 检举控告权
适用情形
不严格执法
有违法违纪行为
权利主体
任何单位/个人
受理机关
公安机关
检察院
监察机关
依据职责及时处理

第一百三十三条　公安机关及其人民警察办理治安案件，应当自觉接受社会和公民的监督。

公安机关及其人民警察办理治安案件，不严格执法或者有违法违纪行为的，任何单位和个人都有权向公安机关或者人民检察院、监察机关检举、控告；收到检举、控告的机关，应当依据职责及时处理。

三、相对人权利保护（第136、138条）

1.违法记录封存制度（第136条）

- ［1］封存义务
  - 适用对象：违反治安管理的记录
  - 处理要求：应当予以封存
    - 不得向任何单位/个人提供或公开
- ［2］除外情形
  - 国家机关：为办案需要查询
  - 有关单位：根据国家规定查询
- ［3］保密义务
  - 责任主体：依法查询单位
  - 保密内容：被封存的违法记录

第一百三十六条　违反治安管理的记录应当予以封存，不得向任何单位和个人提供或者公开，但有关国家机关为办案需要或者有关单位根据国家规定进行查询的除外。依法进行查询的单位，应当对被封存的违法记录的情况予以保密。

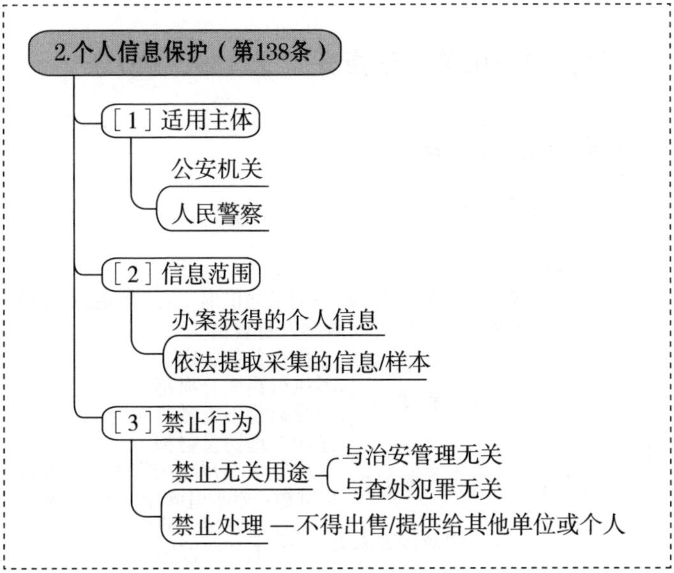
2.个人信息保护（第138条）
［1］适用主体
公安机关
人民警察
［2］信息范围
办案获得的个人信息
依法提取采集的信息/样本
［3］禁止行为
禁止无关用途
与治安管理无关
与查处犯罪无关
禁止处理
不得出售/提供给其他单位或个人

第一百三十八条 公安机关及其人民警察不得将在办理治安案件过程中获得的个人信息，依法提取、采集的相关信息、样本用于与治安管理、查处犯罪无关的用途，不得出售、提供给其他单位或者个人。

〔**案例**〕公安民警何某办理治安案件时采集当事人信息后，面对他人打听情况，严格保密，确保信息仅用于办案。

四、公安机关执法责任（第139、140条）

1. 违法办案行为与责任（第139条）

- ［1］适用主体——人民警察/公安机关
- ［2］违法行为
  - ①侵犯人身权利行为 —刑讯逼供/体罚/打骂/虐待/侮辱
  - ②超过询问查证时间限制人身自由
  - ③违反罚缴制度
    - 不执行罚款决定
    - 不执行罚缴分离制度
    - 罚没财物不上缴国库
    - 违规处理罚没财物
  - ④非法处理涉案财物
    - 方式：私分/侵占/挪用/故意损毁
    - 财物：收缴/追缴/扣押的财物
  - ⑤违规使用被侵害人财物
    - 违反规定使用
    - 不及时返还
  - ⑥不及时退还保证金
  - ⑦利用职务谋利
    - 收受他人财物
    - 谋取其他利益
  - ⑧违规收缴罚款
    - 不出具票据
    - 不如实填写罚款数额
  - ⑨不及时出警
  - ⑩为违法犯罪行为人通风报信
  - ⑪泄露工作秘密/其他保密信息
  - ⑫滥用个人信息/样本
    - 用于无关用途
    - 出售/提供给他人
  - ⑬破坏录音录像资料 —剪接/删改/损毁/丢失
  - ⑭其他渎职行为
- ［3］法律责任
  - 对办案警察：依法给予处分，构成犯罪追究刑责
  - 公安机关有上述行为
    - 处分：负有责任的领导人员+直接责任人员

第一百三十九条　人民警察办理治安案件，有下列行为之一的，依法给予处分；构成犯罪的，依法追究刑事责任：

（一）刑讯逼供、体罚、打骂、虐待、侮辱他人的；

（二）超过询问查证的时间限制人身自由的；

（三）不执行罚款决定与罚款收缴分离制度或者不按规定将罚没的财物上缴国库或者依法处理的；

（四）私分、侵占、挪用、故意损毁所收缴、追缴、扣押的财物的；

（五）违反规定使用或者不及时返还被侵害人财物的；

（六）违反规定不及时退还保证金的；

（七）利用职务上的便利收受他人财物或者谋取其他利益的；

（八）当场收缴罚款不出具专用票据或者不如实填写罚款数额的；

（九）接到要求制止违反治安管理行为的报警后，不及时出警的；

（十）在查处违反治安管理活动时，为违法犯罪行为人通风报信的；

（十一）泄露办理治安案件过程中的工作秘密或者其他依法应当保密的信息的；

（十二）将在办理治安案件过程中获得的个人信息，依法提取、采集的相关信息、样本用于与治安管理、查处犯罪无关的用途，或者出售、提供给其他单位或者个人的；

（十三）剪接、删改、损毁、丢失办理治安案件的同步录音录像资料的；

（十四）有徇私舞弊、玩忽职守、滥用职权，不依法履行法定职责的其他情形的。

办理治安案件的公安机关有前款所列行为的，对负有责任的领导人员和直接责任人员，依法给予处分。

〔**案例**〕某派出所辅警王某利用职务便利，多次向开设赌场的郭某泄露派出所查处赌博行动的具体信息，每次收取 300 元好处费，累计 11 次共 3300 元，致使该赌场长期未被查获。后检察院在办案中发现线索，王某被追究刑事责任。

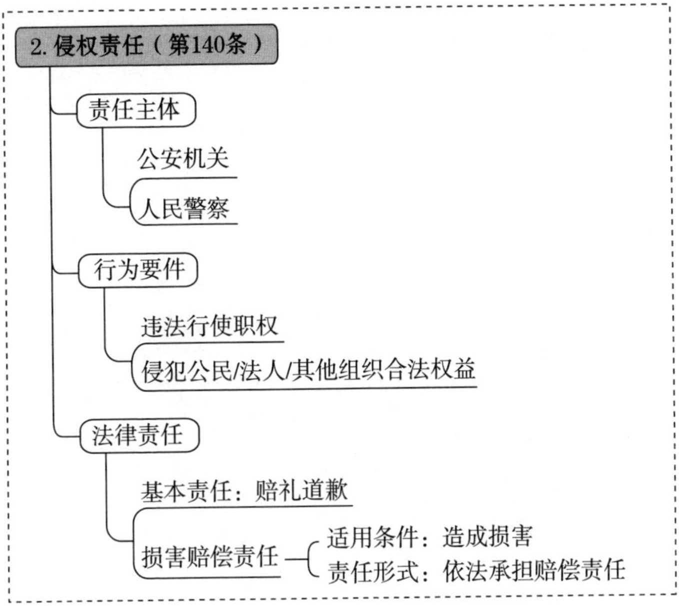
2. 侵权责任（第140条）
责任主体
公安机关
人民警察
行为要件
违法行使职权
侵犯公民/法人/其他组织合法权益
法律责任
基本责任：赔礼道歉
损害赔偿责任
适用条件：造成损害
责任形式：依法承担赔偿责任

第一百四十条　公安机关及其人民警察违法行使职权，侵犯公民、法人和其他组织合法权益的，应当赔礼道歉；造成损害的，应当依法承担赔偿责任。

〔**案例**〕李某经营的门店深夜遭盗窃，群众多次拨打110报警，但值班民警未派警处置。20分钟后窃贼逃离现场，造成李某2.5万元财产损失。法院认定公安机关未履行法定职责构成行政不作为，判决公安机关承担赔偿责任。

第六章　附　　则

一、法律适用规则（第 141、142 条）

1.处罚程序适用规则（第141条）

- ［1］行政拘留的程序适用
  - 适用条件：其他法律中规定由公安机关给予行政拘留
  - 程序适用：适用本法
- ［2］特定领域行政处罚的程序适用
  - 实施主体：公安机关
  - 依照直接关系公共安全/社会治安秩序的法律、行政法规实施处罚
    - 《枪支管理法》《民用爆炸物品安全管理条例》等
  - 程序适用：适用本法
- ［3］竞合处理规则
  - 行为特征
    - 本法规定给予行政拘留处罚（第32、34、46、56条）
    - 其他法律/行政法规同时规定给予其他处罚
      - 罚款
      - 没收违法所得
      - 没收非法财物
      - 其他行政处罚
  - 管辖权划分
    - 行政拘留—由公安机关依照本法处理
    - 其他处罚—由相关主管部门依法处罚

第一百四十一条 其他法律中规定由公安机关给予行政拘留处罚的，其处罚程序适用本法规定。

公安机关依照《中华人民共和国枪支管理法》、《民用爆炸物品安全管理条例》等直接关系公共安全和社会治安秩序的法律、行政法规实施处罚的，其处罚程序适用本法规定。

本法第三十二条、第三十四条、第四十六条、第五十六条规定给予行政拘留处罚，其他法律、行政法规同时规定给予罚款、没收违法所得、没收非法财物等其他行政处罚的行为，由相关主管部门依照相应规定处罚；需要给予行政拘留处罚的，由公安机关依照本法规定处理。

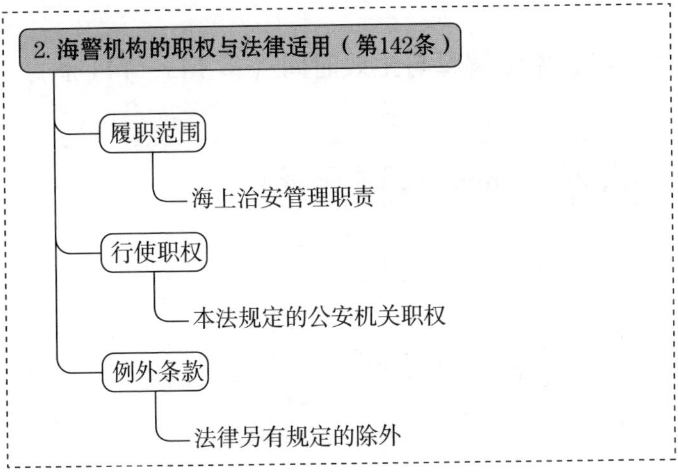
2. 海警机构的职权与法律适用（第142条）
履职范围
海上治安管理职责
行使职权
本法规定的公安机关职权
例外条款
法律另有规定的除外

第一百四十二条　海警机构履行海上治安管理职责，行使本法规定的公安机关的职权，但是法律另有规定的除外。

二、术语解释与生效时间（第 143、144 条）

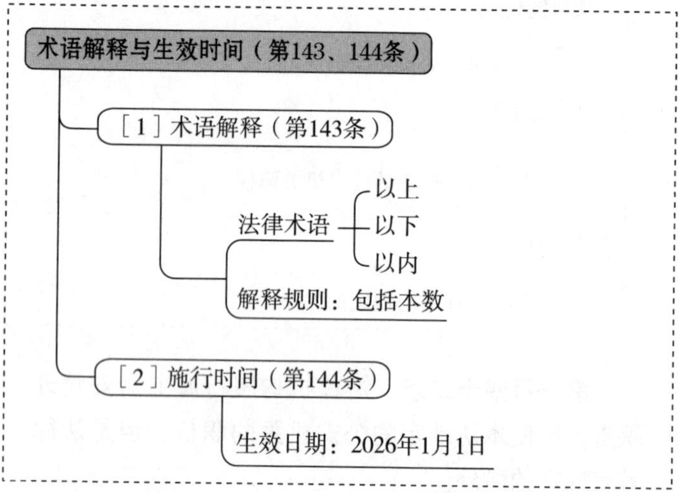
术语解释与生效时间（第143、144条）
［1］术语解释（第143条）
法律术语
以上
以下
以内
解释规则：包括本数
［2］施行时间（第144条）
生效日期：2026年1月1日

第一百四十三条　本法所称以上、以下、以内，包括本数。

第一百四十四条　本法自 2026 年 1 月 1 日起施行。

法条索引

第一章　总　　则

第二章　处罚的种类和适用

第三章　违反治安管理的行为和处罚

第一节　扰乱公共秩序的行为和处罚

第三节　侵犯人身权利、财产权利的行为和处罚

第四节　妨害社会管理的行为和处罚

第四章 处罚程序

第一节 调 查

第二节　决　定

第三节　执　行

第五章　执法监督

第六章　附　　则

图书在版编目（CIP）数据

治安管理处罚法实用手册 ：案例图解版 / 法规编研室编. -- 北京 ：中国法治出版社，2025. 8. -- ISBN 978-7-5216-5211-6

Ⅰ. D922.144

中国国家版本馆 CIP 数据核字第 2025DW6717 号

责任编辑：李连宇 封面设计：李 宁

治安管理处罚法实用手册：案例图解版

ZHI'AN GUANLI CHUFAFA SHIYONG SHOUCE：ANLI TUJIEBAN

编者/法规编研室

经销/新华书店

印刷/三河市紫恒印装有限公司

开本/787 毫米×1092 毫米 32 开 印张/ 7.5 字数/ 130 千

版次/2025 年 8 月第 1 版 2025 年 8 月第 1 次印刷

中国法治出版社出版

书号 ISBN 978-7-5216-5211-6 定价：24.00 元

北京市西城区西便门西里甲 16 号西便门办公区

邮政编码：100053 传真：010-63141600

网址：http：//www.zgfzs.com 编辑部电话：010-63141811

市场营销部电话：010-63141612 印务部电话：010-63141606

（如有印装质量问题，请与本社印务部联系。）